互联网金融背景下货币电子化对我国货币政策的影响研究

史新鹭◎著

The Impact of Electronic Money and Internet Innovations On the Effectiveness of Monetary Policy

经济管理出版社
ECONOMY & MANAGEMENT PUBLISHING HOUSE

图书在版编目（CIP）数据

互联网金融背景下货币电子化对我国货币政策的影响研究/史新鹭著．—北京：经济管理出版社，2022.12

ISBN 978-7-5096-8924-0

Ⅰ.①互…　Ⅱ.①史…　Ⅲ.①金融电子化—影响—货币政策—研究—中国　Ⅳ.①F822.0

中国国家版本馆 CIP 数据核字（2023）第 005284 号

组稿编辑：张巧梅
责任编辑：张巧梅
责任印制：黄章平
责任校对：张晓燕

出版发行：经济管理出版社
（北京市海淀区北蜂窝 8 号中雅大厦 A 座 11 层　100038）
网　　址：www.E-mp.com.cn
电　　话：（010）51915602
印　　刷：北京晨旭印刷厂
经　　销：新华书店
开　　本：720mm×1000mm/16
印　　张：10.75
字　　数：163 千字
版　　次：2023 年 3 月第 1 版　　2023 年 3 月第 1 次印刷
书　　号：ISBN 978-7-5096-8924-0
定　　价：88.00 元

前　言

20 世纪 90 年代中期银行卡和自动柜员机推出后，我国逐渐步入货币电子化轨道。“金卡工程”的建设、中国银联的成立、联网通用的实现，使我国的货币电子化进程实现跨越式发展。近年来，伴随互联网金融、电子支付的发展和普及，电子货币的广泛使用再一次加速了我国的货币电子化进程，在当前互联网金融蓬勃发展的背景下，有关货币电子化是否会影响央行货币政策的问题被推到决策者和研究者的面前。与此同时，诸如网络借贷、众筹融资、大数据金融等一些互联网金融模式，以其在资源配置和信息处理等方面的独特优势也在货币金融领域造成一定冲击，因而，有关货币电子化是否会影响货币政策这种问题又以新的形式出现。在我国互联网金融快速发展的背景下，系统地研究货币电子化对央行货币政策的影响机制及影响效果具有重要的理论与现实意义，也将是重要的研究议题。

本书借鉴印文和裴平（2016）的电子货币分类方式，根据现行的电子货币载体和支付特征，将电子货币划分为银行卡电子货币和第三方支付电子货币，从不同类型电子货币对货币供需的影响效应出发，参考 Karras（1999）和 Berument 等（2007）的衡量视角，从产出效应和价格效应两个维度系统分析互联网金融创新、货币电子化给央行货币政策带来的影响。首先，在凯恩斯货币需求理论基础上，通过在模型中引入电子货币因素，系统分析货币电子化对交易、投机、预防三类货币需求的影响效应。其次，进一步分析电子货币替代效应对货币供给的影响机制与影响效果。借由考察货币流通速度的变化情况，综合考虑货币电子化、产业结构变化等因素，采用协整方法分析这些因素与货币流通速度之间的关系，以作为货币电子化在货币供需方面影响效应的检验。最后，将互联网金融创新、货币电子化因素融入传统的IS-LM-BP-AS模型，在修正后的模型基础上，从理论层面分析这些因素对货币政策有效性的影响，并借助随机前沿模型，从实证层面考察货币电子化对货币政策效率性的影响。

具体而言，本书的主要内容与创新之处如下：

第一，明确设定货币电子化的各项影响渠道：在分析货币电子化对货币供需的影响方面，现有文献对电子货币类型的划分较为模糊，存在界定不清楚的问题，并且缺乏系统的理论分析与机制分析，本书以互联网金融、电子支付发展为背景，以电子货币对现金的替代为视角，根据电子货币载体及支付特征，将电子货币明确地划分为银行卡电子货币和第三方支付电子货币，在此基础上分析不同类型电子货币对货币供需的影响机制与影响效果。从微观主体的货币需求角度出发，首先分析电子货币的存在对流通中现金的替代效应，在凯恩斯货币需求理论基础上系统研究不同类型电子货币对交易、投机、预防三类货币需求的影响效应。结果表明，不论是交易需求、投机需求还是预防需求，银行卡电子货币与现金的替代关系都是不完全的。在网络基础设施建设完备的条件下，替代程度取决于个人偏好和支付习惯等其他外生因素，而第三方支付电子货币能够与现金产生完全替代性。总的来说，不论是何种类型的电子货币，其存在都必然会对微观主体的现金需求产生替代作用，影响货币需求中原有的变量关系，增加货币需求的不可预测性。

第二，分析电子货币对短期资产市场经济变量的影响：在货币电子化影响货币需求的分析基础上，进一步考察电子货币替代效应对货币供给的影响机制与影响效果，主要从货币乘数和基础货币两个方面展开分析。概括而言，其影响机制在于：电子货币会改变通货存款比率，作为货币乘数的重要构成部分，通货存款比率变动又会进一步通过改变货币乘数，放大央行货币供给量。其中，银行卡电子货币扩大了央行监控下的货币供给，第三方支付电子货币不仅扩大了央行监控下的货币供给，而且扩大了央行监控外的货币供给。此外，不论是银行卡电子货币还是第三方支付电子货币，对基础货币总量都没有影响，只会造成基础货币的内部构成发生变化。与银行卡电子货币的不同之处在于，当第三方支付兼有担保支付与投资理财角色时，虽然同样也不会影响到基础货币总量，但却会使基础货币中现金所占比重更小、准备金所占比重更大。总的来说，不论是何种类型的电子货币，其对流通中现金的替代效应都必然会改变通货存款比率，进而引发货币乘数、货币供给的变动，也会影响到央行货币政策调控力度和执行效果。

第三，从全局均衡角度探讨货币电子化下的货币政策效应：在互联网金融创新、货币电子化如何影响货币政策方面，国内外研究结论多种多样，且尚未达成一致观点。此外，有关货币电子化在多大程度上影响货币政策有效性的研究较为少见，且缺乏货币电子化影响货币政策效率性的定量分析。本书在电子货币影响货币供需的分析基础上，将互联网金融创新、货币电子化因素纳入包括实体经济的总供需分析，整合成 IS-LM-BP-AS 模型，并对传统模型进行修正。在整合后的模型基础上，从理论层面分析互联网金融创新、货币电子化对央行货币政策有效性的影响。概括而言，其影响机制在于这些因素能够通过影响交易效率、利率弹性、货币供需等渠道改变 IS-LM-BP-AS 模型中曲线的位置，从而影响货币政策的“挤出效应”，并进一步影响相应的政策效果。换言之，货币电子化改变了货币的需求及供给函数，电子货币对这两方面的影响效应强化了货币量对利率的影响程度，经由利率对投资的效果将会使得总需求上升。如果投资也与互联网金融创新、货币电子化有正向关联，货币政策对产出的效应会进一步加强。此外，借助随机前沿模型，从货币政策的产出效应和价格效应两个方面探讨电子货币等因素对货币政策效率性的影响，以期弥补现有文献在研究货币电子化影响货币政策效应方面的不足。结果表明，从货币政策操作目标到货币政策最终目标的作用效果和作用程度来看，货币电子化能够同时增强货币政策的产出效应和价格效应，在一定程度上提高央行货币政策的调控效率。

目　录

1　绪论 …………………………………………………………………… 1

1.1　选题背景与研究问题 ……………………………………………… 1

1.1.1　选题背景 ……………………………………………………… 1

1.1.2　研究问题 ……………………………………………………… 4

1.2　研究思路与分析框架 ……………………………………………… 12

1.2.1　研究思路 ……………………………………………………… 13

1.2.2　分析框架 ……………………………………………………… 13

1.3　结构安排与框架图 ………………………………………………… 15

1.3.1　本书结构安排 ………………………………………………… 15

1.3.2　结构框架图 …………………………………………………… 16

1.4　本书的主要创新点 ………………………………………………… 18

2　文献综述 ……………………………………………………………… 20

2.1　货币电子化进程、互联网金融发展及现状 ……………………… 20

2.1.1　货币电子化进程 ……………………………………………… 20

2.1.2　互联网金融发展及现状 ……………………………………… 23

2.2　货币电子化在货币政策方面影响的研究评述 …………………… 29

2.2.1 货币电子化对货币需求的影响 …… 29
2.2.2 货币电子化对货币供给的影响 …… 35
2.2.3 货币电子化对货币流通速度的影响 …… 38
2.2.4 互联网金融发展、货币电子化对央行货币政策的影响 …… 42
2.3 研究启示 …… 46

3 货币电子化与货币需求：理论分析 …… 49

3.1 引言 …… 49
3.2 货币电子化对交易性货币需求的影响 …… 51
3.2.1 从机会成本角度分析货币电子化对交易需求的影响 …… 51
3.2.2 从转换成本角度分析货币电子化对交易需求的影响 …… 54
3.3 货币电子化对投机性货币需求的影响 …… 58
3.3.1 财产在债券和现金之间的分配 …… 59
3.3.2 财产在债券和电子货币之间的分配 …… 60
3.4 货币电子化对预防性货币需求的影响 …… 61
3.4.1 财产在债券和现金之间的分配 …… 62
3.4.2 财产在债券和电子货币之间的分配 …… 66
3.5 本章小结 …… 69

4 电子货币替代效应与货币供给：机制分析 …… 70

4.1 引言 …… 70
4.2 电子货币替代与总体视角下的货币供给创造机制 …… 71
4.2.1 电子货币对流通中现金的替代 …… 71
4.2.2 总体视角下的货币供给创造机制 …… 72
4.3 电子货币替代与分类视角下的货币供给创造机制 …… 74
4.3.1 借记卡型电子货币的货币供给创造机制 …… 75
4.3.2 贷记卡型电子货币的货币供给创造机制 …… 76

4.3.3 第三方支付电子货币的货币供给创造机制 …… 78
4.4 货币电子化对基础货币的影响 …… 81
4.4.1 银行卡电子货币对基础货币的影响 …… 82
4.4.2 第三方支付电子货币对基础货币的影响 …… 83
4.5 本章小结 …… 85

5 货币电子化对货币流通速度的影响：实证检验 …… 86

5.1 引言 …… 86
5.2 变量选择和数据说明 …… 88
5.2.1 利率 …… 89
5.2.2 实际收入或产量 …… 90
5.2.3 产业结构变化 …… 90
5.2.4 货币电子化（DZH） …… 91
5.2.5 储蓄率 …… 92
5.3 实证分析 …… 93
5.3.1 货币流通速度的稳定性和变化趋势 …… 93
5.3.2 各影响因素对货币流通速度的影响效应 …… 96
5.4 本章小结 …… 104

6 互联网金融创新、货币电子化对央行货币政策的影响 …… 106

6.1 引言 …… 107
6.2 互联网金融创新、货币电子化对货币政策有效性的影响 …… 108
6.2.1 IS 曲线 …… 109
6.2.2 LM 曲线 …… 111
6.2.3 BP 曲线 …… 113
6.2.4 理论分析 …… 114
6.3 货币电子化对货币政策效率性的影响 …… 127

6.3.1 计量模型构建 …… 127
6.3.2 数据说明 …… 129
6.3.3 实证分析 …… 131
6.4 本章小结 …… 135
6.5 模型附录 …… 136

7 结论与展望 …… 139

7.1 主要结论 …… 139
7.2 政策建议 …… 142
7.3 研究展望 …… 143

参考文献 …… 149

1 绪论

1.1 选题背景与研究问题

1.1.1 选题背景

20 世纪 90 年代，互联网迅速走向普及化，通过使用互联网，既降低了交易成本也造就了更多的商业机会①。近年来，与快速发展的信息通信等技术的结合又使互联网的内涵更加丰富，在此背景下，云计算、大数据等一些新兴概念应运而生。如今，随着以互联网为代表的电子信息技术的发展，各类新兴金融工具开始逐渐融入大众生活。其中，作为“碎片化理财”产品的代表，“余额宝”在

① 电子商务正是在这一阶段发展起来的，电子商务通常是指在全球各地广泛的商业贸易活动中，在互联网开放的网络环境下，基于浏览器/服务器应用方式，买卖双方不谋面地进行各种商贸活动，实现消费者的网上购物、商户之间的网上交易和在线电子支付以及各种商务活动、交易活动、金融活动和相关综合服务活动的一种新型商业运营模式。电子商务研究中心监测数据显示，2017 年我国电子商务交易规模达到 28.66 万亿元，同比增长 24.77%。

2013年6月正式上线，并将互联网金融[①]这一熟悉而又崭新的概念带入大众视野。

实际上，互联网向货币金融领域的渗透最早发端于20世纪90年代，1995年美国安全第一网络银行（Security First Network Bank，SFNB）的成立，标志着网络金融业务就此正式诞生。在此后20多年的发展当中，网络金融业务模式开始在其他国家和地区发展起来。但由于利率市场化程度较高、金融市场普遍较为开放、金融资源供给充分，发达国家并没有给互联网金融预留出广阔的生存空间。反而是那些利率市场化改革缓慢、金融市场信息严重不对称、社会信用体系不健全的发展中国家，为互联网金融提供了成长的沃土。与美国等一些发达国家的互联网金融发展情况相比，我国的互联网金融发展起步较晚、时间较短，但发展势头较快，截至目前，发展情况可以用以下三个阶段来进行概括（郑联盛，2014）：第一阶段是传统金融行业互联网化阶段，这一阶段从1990年一直持续到2005年；第二阶段是第三方支付蓬勃发展阶段，这一阶段从2005年左右一直持续到2011年；第三阶段是2011年以来的互联网实质性金融业务发展阶段，在这一阶段，第三方支付规模持续扩大，互联网金融呈飞速发展之势，基于互联网衍生的网络借贷、众筹融资等新型互联网金融模式呈井喷式发展。以第三方支付为例，2013年第三方支付市场规模达到16万亿元，这一年甚至被业界人士誉为“中国互联网金融元年”。

以第三方支付为代表的电子支付方式是互联网金融得以迅速崛起的基础，其在整个互联网金融模式发展中扮演着十分重要的角色。而作为支付媒介的电子货

---

① 根据中国人民银行等十部门2015年7月18日发布的《关于促进互联网金融健康发展的指导意见》，互联网金融是指传统金融机构与互联网企业利用互联网技术和信息通信技术，实现资金融通、支付、投资和信息中介服务的新型金融业务模式。目前，互联网金融发展模式主要有第三方支付、P2P网贷、众筹融资、数字货币、大数据金融等。互联网金融将互联网作为金融平台和金融渠道，通过发挥网络信息技术的支撑作用，为用户提供金融产品、金融服务、金融咨询等各类金融活动，是传统金融与互联网深度融合的新型金融业态，具有规模效应更大、交易成本更低、参与更加广泛等重要特征。

币[1]在信息流、资金流、物流的融合中扮演着重要角色，一方面在履行网络经济下的新型货币职能中，电子货币对互联网金融的快速发展起到了极大的促进作用；另一方面在互联网金融发展的过程中，电子货币对传统货币形成大规模替代，使得无现金社会的到来成为可能。

在电子货币充分发展的前提下，广泛地使用电子货币作为商品交易活动支付媒介的过程即为货币电子化过程，它是随着信息技术和网络经济的快速发展而出现的一种电子货币逐渐替代传统货币的现象和趋势（印文和裴平，2015；吴浜源，2018）。以1985年中国银行第一张"珠江卡"的发行为标志，我国开始正式步入货币电子化轨道。20世纪90年代中期，商业银行的借记卡和自动柜员机（ATM）推出后，我国的货币电子化进程不断加快。随后"金卡工程"[2]的建设、中国银联的成立、联网通用的实现使我国的货币电子化进程实现跨越式发展。伴随互联网金融的发展、电子支付方式的普及，电子货币的广泛使用再一次加速了我国货币电子化进程。在当前互联网金融蓬勃发展的背景下，有关货币电子化是否会影响央行货币政策的问题自然而然地被推到决策者和研究者面前。与此同时，诸如网络借贷、众筹融资、大数据金融等一些互联网金融模式，以其在资源配置和信息处理等方面的独特优势也对货币金融领域造成一定冲击，因而，有关货币电子化是否会影响货币政策这种问题又以新的形式出现。

原中国人民银行副行长李东荣在2016年亚太经济与金融论坛上发表了有关"互联网金融与货币政策有效性"的主题演讲，指出传统金融行业与互联网的结合是互联网快速发展之下的必然趋势。互联网金融的出现使信息不对称的状况得到改善，极大地提升了公众在金融市场中的参与度。除此之外，互联网金融的发

① 欧洲央行对电子货币给出了一个简明定义："电子货币广义上是指在技术设备上存储的货币价值，可以广泛用于向除发行者以外的经营者支付款项，但不一定涉及银行账户，而是作为一种预付无记名票据。"需要注意的是，"技术设备"并不一定意味着物理设备。

② 1993年6月国务院启动了以发展我国电子货币为目的、以电子货币应用为重点的各类卡基应用系统工程，即我们常说的金卡工程。金卡工程广义上是指金融电子化工程，狭义上是指电子货币工程。它是我国一项跨系统、跨地区、跨世纪的社会系统工程，以计算机、通信等现代科技为基础，以银行卡等为介质，通过计算机网络系统，以电子信息转账形式实现货币流通。其目标在于，通过使用各种金融交易卡，达到电子货币替代现金钞票，减少现金支付与现金流通，实现支付手段的革命性变化，使我国跨入电子货币时代。

展在很大程度上也影响了原有的货币形态、货币职能以及货币属性，并对我国现行的货币政策产生了一定的影响。

互联网金融是区别于传统金融的新型金融模式，其兴起和发展以及其所推进的货币电子化都将对央行货币政策调控产生深刻影响。理论上表现为对货币需求、货币流通速度、货币供应量以及货币政策框架的影响；实践中还可能催生新型的货币政策传导路径，使货币政策实施环境复杂化，且增添了不确定性。总而言之，互联网金融的蓬勃发展、货币电子化进程的不断深入将在一定程度上影响货币政策制定的准确性与实施的有效性。因此，深入分析互联网金融，尤其是支付货币电子化对我国货币政策、金融市场的各种影响具有重要的理论与现实意义。

1.1.2 研究问题

发展至今，互联网金融所包含的范畴已十分庞杂，其中以第三方支付为代表的电子支付①在整个互联网金融和电子商务领域扮演着重要角色。互联网金融之所以能够实现快速发展，很大程度上归功于电子支付技术。而作为电子支付媒介，电子货币的存在不仅改变了人们的支付方式和支付习惯，随之推进的货币电子化浪潮还对传统货币理论以及货币政策构成了挑战。支付货币的电子化对货币供给层次的结构和规模、货币乘数、基础货币、货币需求以及货币流通速度都会产生一定影响，进一步又会影响央行货币政策的制定、实施及有效运行。互联网金融发展、货币电子化都是非实体经济因素，属于虚拟经济因素对货币政策的影响范畴，正确认识其对货币供需等方面的影响，对中央银行合理制定和实施货币政策、提高货币政策执行效力具有重要意义。

---

① 电子支付是指消费者、商家和金融机构之间使用安全电子手段把支付信息通过信息网络安全地传送到银行或相应的处理机构，用来实现货币支付或资金流转的行为。2005 年 10 月，中国人民银行公布《电子支付指引（第一号）》，规定："电子支付是指单位、个人直接或授权他人通过电子终端发出支付指令，实现货币支付与资金转移的行为。电子支付的类型按照电子支付指令发起方式分为网上支付、电话支付、移动支付、销售点终端交易、自动柜员机交易和其他电子支付。" 简单来说电子支付是指电子交易的当事人（包括消费者、厂商和金融机构），使用安全电子支付手段，通过网络进行货币支付或资金流转。

根据现行的电子货币载体和支付特征，本书将我国的电子货币划分为银行卡电子货币和第三方支付电子货币两种类型。其中，银行卡电子货币主要封闭运行于银行体系中，属于银行系统内部记录和转移的电子货币，而基于互联网的第三方支付电子货币尽管仍然是通过电子信息记录和转移货币的，但是其形态更加开放。具体来说，当第三方支付仅作为可以担保支付的资金中介时，第三方支付电子货币与银行卡电子货币一样，主要是在银行系统内部记录和转移，若除此之外第三方支付还兼有投资理财角色，则第三方支付电子货币就会游离于银行系统之外。因此，本书认为有必要对这两种电子货币加以区分，特别是在进行货币电子化对货币供需的影响分析时，更应该分别考察这两种不同类型电子货币的影响效应，以便对不同类型电子货币在货币供需方面的影响机制与影响效果有一个清晰的认识和把握。需要说明的是，银行卡电子货币包括以借记卡为载体的电子货币和以贷记卡为载体的电子货币。其中，借记卡电子货币主要表现为借记卡中存放的活期存款，其特点是先存款后消费，支付额度只能以借记卡内的金额为限，不能透支，支付过程与活期存款账户存在实时对应关系。而贷记卡电子货币作为银行卡电子货币中另外一个重要的构成部分，其存在和使用就体现在贷记卡的透支与还款过程中，每一笔贷记卡的透支背后实际上都是消费信贷的发放。此外，根据第三方支付的不同特点和方式，可将第三方支付细分为互联网支付、手机移动支付等，相应的第三方支付电子货币所包含的内容也越来越复杂与多样，然而就其本质而言都是一样的，目前第三方支付的运作机理通常都是基于账户模式。具体来说，用户首先在第三方支付平台进行注册，然后绑定个人银行卡。在支付时，可以预先在第三方支付账号里充钱，然后直接结算，也可以选择通过银行卡支付，再由第三方机构与银行结算，对用户银行卡内相应的活期存款进行划拨操作。

本书从货币供需理论出发，系统分析互联网金融创新、货币电子化对我国央行货币政策的制定、实施及其效果的影响，为此，全书主要从以下几方面展开研究：首先，在货币需求方面，按照凯恩斯的货币需求理论，将微观主体①的货币需求划分为交易需求、投机需求和预防需求，在对电子货币进行分类的基础上，本书从这三个方面系统分析货币电子化对货币需求的影响。其次，在货币供给方面，同样是在电子货币分类基础上，分析电子货币替代效应对货币乘数以及基础货币的影响，并阐述其影响机制。再次，考察近年来货币流通速度的变化情况，结合已有的关于货币流通速度方面的研究，检验货币电子化在货币供需方面的影响效应。最后，基于开放经济总供需模型（IS-LM-BP-AS）以及随机前沿模型（SFA），综合分析互联网金融创新、货币电子化对货币政策效果及效率的影响。接下来对上述研究内容进行逐一介绍。

1.1.2.1　货币电子化对货币需求的影响

电子货币的存在在一定程度上会通过改变微观主体的资产选择、投融资等经济行为而改变其对现金和活期存款持有量的偏好。传统货币经济中，通货存款比率②在一定程度上反映了经济参与主体对通货的偏好程度。公众对通货的相对需求因电子货币的广泛使用而减少，电子货币对流通中现金的替代效应将引发通货存款比率的变动。以我国为例，从图 1-1 可以看出，我国通货存款比率呈现出逐年下降的趋势。

为了更清晰地呈现电子货币的使用与通货存款比率变化趋势之间的关联性，将我国 1999~2017 年通货存款比率与电子货币存款比率的变化情况汇总在表 1-1 中，前者是流通中现金与活期存款之比，反映通货与活期存款近年来的相对变化情况；后者是电子货币③与活期存款之比，反映电子货币与活期存款近年来的相对变化情况。从表 1-1 可以看到，在我国通货存款比率逐年下降的同时，电子货

① 微观主体或称为微观经济主体。文中的微观主体、微观经济主体具体指的是个体和厂商等经济参与主体。

② 通货存款比率是指流通中的现金与商业银行活期存款的比率。这一比率的高低反映了居民和企业等部门的持币行为。通货存款比率越高，表明居民和企业等部门持有的现金越多，商业银行创造存款货币的能力越弱。

③ 表 1-1 中所列电子货币数据为银行卡消费数据，此处以其作为电子货币的衡量指标，也可以使用银行卡转账数据、银行卡消费转账数据等作为电子货币衡量指标来进行说明，资料来源为 WIND 咨询数据库。

币存款比率呈现逐年上升趋势。

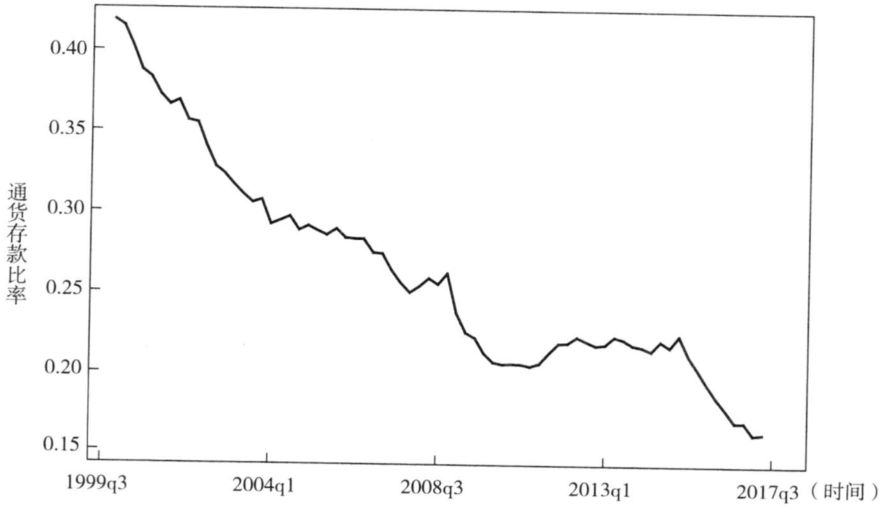

图 1-1　1999~2017 年我国的通货存款比率变化趋势

表 1-1　1999~2017 年的通货存款比率

年份	通货（亿元）	电子货币（亿元）	活期存款（亿元）	通货存款比	电子货币存款比
1999	13455	794	32381	0. 415	0. 024
2000	14652	1057	38494	0. 381	0. 027
2001	15688	1280	44182	0. 355	0. 028
2002	17278	1874	53603	0. 322	0. 035
2003	19746	3286	64372	0. 307	0. 051
2004	21468	6040	74501	0. 288	0. 081
2005	24031	9595	83247	0. 289	0. 115
2006	27072	18936	98955	0. 274	0. 191
2007	30375	29940	122184	0. 249	0. 245
2008	34218	39474	131998	0. 259	0. 299
2009	38247	68612	183198	0. 208	0. 374
2010	44628	104297	221993	0. 201	0. 469
2011	50748	152118	239099	0. 212	0. 636

续表

年份	通货（亿元）	电子货币（亿元）	活期存款（亿元）	通货存款比	电子货币存款比
2012	54659	208256	254004	0. 215	0. 819
2013	58574	318315	278716	0. 210	1. 142
2014	60259	423840	287796	0. 209	1. 473
2015	63216	550000	337736	0. 187	1. 628
2016	68303	565000	418253	0. 163	1. 351
2017	70645	686700	473144	0. 149	1. 451

资料来源：国家统计局、中国人民银行。

对货币需求进行研究历来是宏观经济分析中的重要组成部分，在以货币供应量作为货币政策中介目标的政策范式下，对货币需求的变动情况进行考察更是央行制定货币政策、调节货币供应量的基本依据。在这样的政策范式下，央行通常都是在其所预测的货币需求总量的基础上对货币供应量目标进行调整，从而实现相应的产出增长目标和价格稳定目标。电子货币的出现，以其交易的便捷性和一定的收益性对传统货币产生替代，这将影响到货币需求中原有的变量关系，增加货币需求的不可预测性，进而增加央行设定的合理货币供应量目标的难度。因此，深入研究电子货币对货币需求的影响效应，不仅对货币需求理论的前瞻性探索具有重要的理论意义，而且对提高我国货币政策有效性具有重要的现实意义。作为支付媒介，电子货币的特殊性使其对货币需求的影响与传统因素有所不同，本书借鉴国内外已有的研究成果，在电子货币分类的基础上，从交易需求、投机需求和预防需求这三个方面系统分析不同类型电子货币对货币需求的影响效应。

1. 1. 2. 2　货币电子化对货币供给的影响

在现代货币理论中，货币供应量是由央行投放的基础货币按照银行体系的货币乘数放大后所决定的，一国货币供应量的大小取决于基础货币和货币乘数两个方面。货币供给模型可以表示为 $M=K\cdot H$，其中，H 为基础货币，是存款创造或者说信用创造的基础。K 为货币乘数，具体来说，$K=\frac{C+D}{C+R}=\frac{C/D+1}{C/D+R/D}$。可以看出，决定货币供给的是三个因素：$C/D$、$R/D$ 与 H。其中，C/D 是通货存款比率，是流通中现金（通货）与存款货币之比，主要影响因素有公众的支付习惯、流动性偏好、持有现金的机会成本等。R/D 是存款准备金率，是指在商业银行之间流通的货币与存款货币之比，其构成可以进一步细分为法定存款准备金率和超额存款准备金率。其中，法定存款准备金率由中央银行规定，而超额存款准备金率则受到保有超额准备金的机会成本、借入资金的难易程度以及资金成本的高低、商业银行经营的风险偏好程度等因素的影响。如果说货币当局对于基础货币还有一定的直接调控能力，那么对货币乘数则没有可能进行直接操控。

如前所述，电子货币对流通中现金的替代效应将引发通货存款比率的变动，作为货币乘数的重要决定因素，通货存款比率的改变又将通过改变货币乘数进而影响到货币供给。我国自 1996 年将货币供应量作为货币政策中介目标，主要是考虑到货币供应量具有较强的可测性、相关性以及可控性。在当前互联网金融蓬勃发展、货币电子化进程不断深化的新经济环境下，货币供应量的可控性、可测性和抗干扰性都会受到影响，以货币供应量作为中介指标的货币政策将受到挑战。研究电子货币如何影响货币乘数、基础货币以及进一步如何影响货币供给，对于央行有效调控货币供给量、合理制定和实施货币政策、提高货币政策执行效力具有重要意义。尤其是对于我国这种以货币供给量作为主要货币政策中介目标的国家来说，正确认识货币电子化在货币供给方面的影响更是具有十分重要的现实意义。本书将以国内外已有研究为基础，在电子货币分类基础上，从货币乘数和基础货币两个层面，研究不同类型电子货币对货币供给的影响效果及影响机制。

1.1.2.3 货币电子化对货币流通速度的影响

货币流通速度的一个简单的定义为在一定时期内货币转手或者交换了多少次。由此来看，货币流通速度属于一种流量概念。货币流通速度的稳定性决定了货币总量和货币需求的可预测性，因而在确保货币政策的有效性方面起着至关重要的作用（Akinlo，2012）。鉴于货币流通速度的稳定性与可预测性决定了货币量的变化能否对宏观经济活动产生稳定的、可预测的影响，各国货币当局在货币政策的制定与实施上都十分慎重地考虑货币流通速度的变化情况，以货币供应量作为货币政策中介目标的国家更是如此。随着互联网技术与各种支付手段的兴起，一些学者也开始关注电子货币对货币流通速度的影响。

长久以来学者们在货币流通速度稳定性问题上意见不统一，但基本形成一种共识，即货币流通速度是决定经济体中适当货币存量水平的重要因素之一，对于那些以货币总量作为目标或指标的国家来说，高水平的货币流通速度和无法预测的货币流通速度变动情况会在制定相应货币政策时带来麻烦（Berentsen，1998）。如果在货币流通速度已经发生改变时，仍然按照原来的货币流通速度增加货币供给，必然会导致货币供给与货币需求之间的不匹配，从而造成一定程度的通货紧缩或者通货膨胀。

近年来，伴随互联网金融、电子支付方式的发展，作为支付媒介的电子货币对传统货币形成了一定规模的替代，这种替代势必会对货币流通速度产生一定的影响。不仅如此，电子货币会改变不同层次的货币结构、模糊货币层次的划分，并对不同层次货币流通速度产生不同的影响。以我国为例，图 1-2 是现金流通速度 V_0 的变化趋势，可以看出，V_0 大致经历了先下降后上升的过程，呈现出明显的 U 型特征。在“金卡工程”实施的 1993 年之前，V_0 呈现下降趋势，此后则转为上升趋势。图 1-3 是狭义货币流通速度 V_1 和广义货币流通速度 V_2 的变动趋势，可以看出，V_1 和 V_2 仍然处于下降阶段，并未出现上升拐点。

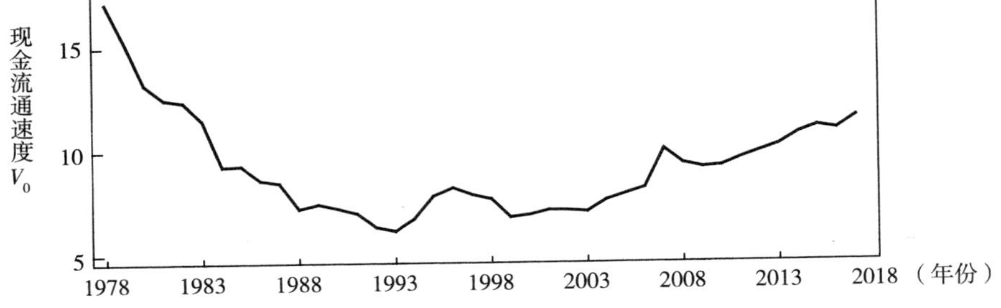

图 1-2　现金流通速度 V_0 的变化趋势

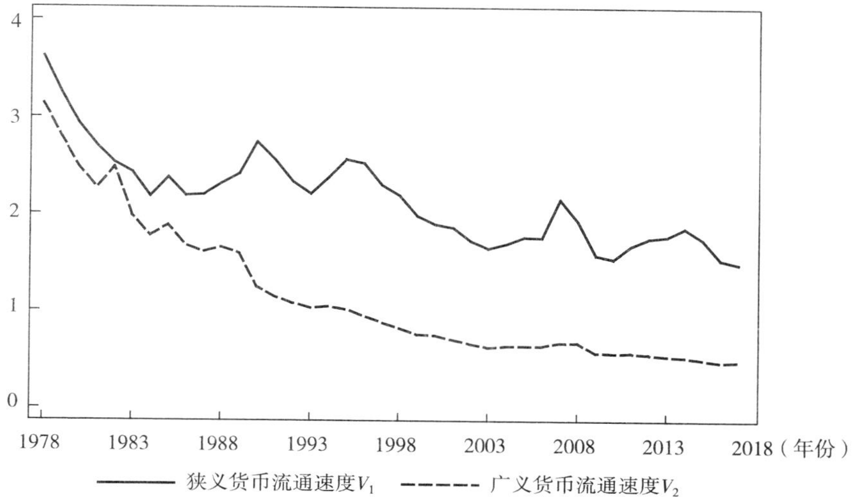

图 1-3　狭义货币流通速度 V_1 和广义货币流通速度 V_2 的变动趋势

本书在借鉴以往国内外相关研究的基础上，通过考察货币流通速度近年来的变化情况，结合已有的关于货币流通速度影响因素方面的研究，重点分析电子货币对不同层次货币流通速度的影响。一方面是作为互联网金融、电子支付发展这一新经济环境下的货币流通速度稳定性分析，另一方面是作为货币电子化在货币供需方面影响效应的检验。

1.1.2.4　互联网金融发展、货币电子化对央行货币政策的影响

货币政策是指中央银行为实现特定的经济目标，运用各种工具调节货币供给和利率所采取的方针和措施的总称。在纸币流通条件下，中央银行通过调节货币供应量使之与经济社会发展需要相适应，以此促进经济增长和物价稳定。除此之外，中央银行还可以通过调节利率来影响金融市场中的投资行为和融资行为。通过调节利率以及货币供应量来对宏观经济进行调控，即央行利用货币政策干预经济的具体体现。衡量货币政策效果，从短期来看，要判断货币供给量和市场利率在相应的货币政策操作之后，有没有产生相应的预期变化；最终效果要看是不是达到了促增长、稳物价、保就业和平衡国际收支等经济目标。

在传统支付体系下央行货币政策的顺利实施通常取决于以下几个方面：第一，如果中央银行是通过调节基础货币进而影响货币供给量来实施货币政策，则要求基础货币经过货币乘数的放大作用后，投放到经济体中的货币量达到央行预期的合意货币供应量。如果有另外影响基础货币以及货币乘数的因素，那么货币供应量的变动将不符合央行的预期，从而会导致货币政策出现偏差。第二，如果中央银行是通过直接调节短期利率来实施货币政策，则要求市场利率必须能够随着中央银行短期利率的调整而发生相应的变化，这就要求微观主体具有一定程度的利率敏感性。

目前我国央行在具体的货币政策操作上仍然是以数量调控为主、价格调控为辅，从前面货币电子化影响货币供需的几个方面来看，货币电子化将造成货币需求、货币乘数、基础货币以及货币流通速度发生改变，从而给央行货币政策带来不确定性。具体而言，货币电子化造成货币供给的可控性、可测性和抗干扰性下降，导致货币供应量这一中介目标的作用效果受到影响，即央行在实施调节货币供给量的政策时会因这些干扰的存在而使其政策效果出现偏差。当前我国互联网金融、电子支付正处在蓬勃发展阶段，前瞻性地研究互联网金融创新、货币电子化等因素对货币政策的影响效应具有重大的理论意义与现实意义。

1.2 研究思路与分析框架

围绕着本书所要探讨的研究议题，本小节在此阐明本书的研究思路与分析框架。概括而言，本书的研究议题包括：①在互联网金融蓬勃发展的背景下，作为支付媒介的电子货币对微观主体的货币需求会产生何种影响？②电子货币替代效应进一步又会如何影响货币供给？其影响机制为何？③在互联网金融模式不断发展、货币电子化进程不断深入的新经济环境下，货币流通速度将会发生什么样的变化？④互联网金融创新、货币电子化对我国货币政策有什么样的影响？

1.2.1 研究思路

本书主要使用理论分析与实证检验相结合的方法，在归纳总结已有文献的基础上，弥补现有研究的缺陷和不足。本书主要从以下几个方面研究货币电子化对我国货币政策的影响：首先，在本书电子货币分类基础上，从理论层面系统分析货币电子化对预防需求、投机需求、交易需求这三类货币需求的影响效应。其次，在货币需求分析的基础上，进一步分析电子货币对现金的替代效应在货币供给方面的影响。本书主要从货币乘数和基础货币两个层面，着重阐述不同类型电子货币对货币供给的影响机制。再次，通过考察货币流通速度近年来的变化情况，结合已有的关于货币流通速度方面的研究，分析互联网金融发展、货币电子化这一新经济环境下的货币流通速度稳定性，并检验货币电子化在货币供需方面的影响效应。最后，在完成了货币电子化对货币供需的影响分析之后，本书在此基础上将互联网金融创新、货币电子化因素纳入包括实体经济的总供需分析，整合成 IS-LM-BP-AS 模型，对传统模型进行修正，在修正后的模型基础上，从全局均衡的角度探讨货币电子化下的货币政策效应。此外，采用随机前沿模型（Stochastic Frontier Analysis，SFA），从产出效应和价格效应两个方面考察互联网金融发展、货币电子化对货币政策效率性的影响。需要说明的是，货币政策的效率性是建立在有效性的基础之上的，通常包括货币政策工具作用于最终目标的程度和时滞两个层面，而本书对货币政策的有效性及效率性分析暂未考虑时滞问题，仅在作用程度上进行考量。

1.2.2 分析框架

为了更清晰地呈现全书的研究脉络以及各部分之间的内在逻辑关系，这里绘制了如图 1-4 所示的分析框架。

本书首先分析货币电子化对货币供需的影响效应，在此基础上将互联网金融创新、货币电子化因素纳入包括实体经济的总供需分析，整合成 IS-LM-BP-AS 模型，对传统模型进行修正，在修正后的模型框架下，从全局均衡的角度探讨货

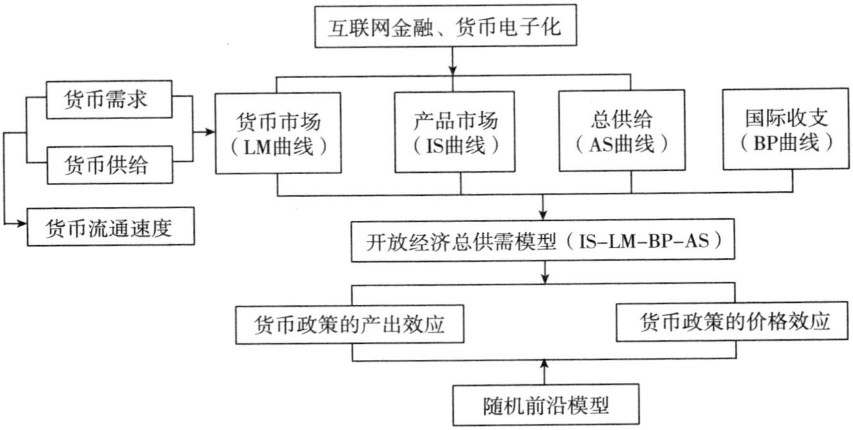

图 1-4　本书分析框架

币电子化下的货币政策效应。其中，IS 曲线和 AS 曲线的构造主要考虑到互联网金融、货币电子化因素在信息处理、资源配置方面对产品市场的影响效应。LM 曲线的构造主要是考虑到互联网金融尤其是第三方支付以及银行卡的广泛使用所带来的支付货币电子化在支付方式和支付媒介方面对货币市场的影响效应。在实证分析部分，本书第 5 章分析了货币流通速度近年来的变化情况，结合已有的关于货币流通速度影响因素方面的研究，检验了货币电子化在货币供需方面所带来的这些影响效应。本书第 6 章的第 6.3 节采用随机前沿模型，从产出效应和价格效应两个方面完成了互联网金融发展、货币电子化对货币政策效率性的影响分析。

此外，在分析互联网金融、货币电子化对我国货币供需的影响方面，已有文献对电子货币类型的划分较为模糊，存在界定不清楚的问题。本书根据电子货币载体及支付特征，将电子货币明确地划分为银行卡电子货币和第三方支付电子货币，并在此基础上分析不同类型电子货币在货币需求、货币供给方面的影响效应，以便对不同类型电子货币在货币供需方面的影响机制与影响效果有一个清晰的认识和把握。总的来说，不论是何种类型的电子货币，其出现和存在都必然会对微观主体的现金需求产生替代，影响货币需求中原有的变量关系，增加货币需求的不可预测性；不论是何种类型的电子货币，其对流通中现金的替代效应都必然改变通货存款比率，而通货存款比率的变动又会引发货币乘数、货币供给的变动，进而影响到央行货币政策调控力度和执行效果。

1.3 结构安排与框架图

1.3.1 本书结构安排

本书从电子货币对货币供需的影响分析入手，研究互联网金融发展背景下互联网金融创新、货币电子化对我国央行货币政策的影响，全书共分为 7 章，具体章节安排如下：

第 1 章是绪论，首先，从研究背景介绍出发，旨在阐明本书所要研究的主要问题及研究意义；其次，给出本书的研究思路与分析框架，对全书各部分之间的内在逻辑关系进行了阐述，以便更为清晰地呈现全书的研究脉络；最后，对全书结构安排与主要创新进行简要说明。

第 2 章是文献综述，首先，对货币电子化进程、互联网金融发展及现状进行回顾；其次，对电子货币影响货币需求方面的研究进行综述；再次，对电子货币影响货币供给方面的研究进行综述；又次，对电子货币影响货币流通速度方面的研究进行综述；复次，对互联网金融发展、货币电子化影响货币政策方面的研究进行综述；最后，从对现有的相关研究的分析中得到相应的研究启示，并提出进一步的研究空间。

第 3 章从理论层面分析货币电子化对货币需求的影响。将电子货币划分为银行卡电子货币和第三方支付电子货币，分别研究这两类电子货币对货币需求的影响效应。具体来说，根据凯恩斯货币需求理论，可以将微观主体的货币需求分为交易需求、投机需求和预防需求，本章从这三个方面系统研究不同类型的电子货币对货币需求的影响。

第 4 章主要是在第 3 章货币需求分析的基础上，阐述电子货币替代效应对货币供给的影响效果和影响机制。具体来说，以我国互联网金融、电子支付发展为背景，在第 3 章货币电子化影响货币需求的理论分析基础上，以电子货币对现金的替代为视角，同样在本书电子货币分类的基础上，从货币乘数和基础货币两个层面，分别研究了不同类型电子货币对货币供给的影响效果与影响机制。

第 5 章主要通过考察货币流通速度近年来的变化情况，结合已有的关于货币流通速度影响因素方面的研究，分析货币电子化新经济环境下的货币流通速度稳定性，检验货币电子化在货币供需方面的影响效应。电子货币替代效应首当其冲发生在现金层面，进而是狭义货币以及广义货币层面，造成流动性高的货币向流动性低的货币转化。电子货币对传统货币的这种替代与转化作用必然会影响货币流通速度，这一章主要对此进行详细的分析和考察。

第 6 章主要是在第 3 章和第 4 章货币电子化对货币供需影响分析的基础上，将互联网金融创新、货币电子化因素纳入包括实体经济的总供需分析，整合成 IS-LM-BP-AS 模型，对传统模型进行修正。在整合后的模型基础上，从理论层面分析互联网金融创新、货币电子化对货币政策效应的影响。在实证部分借助随机前沿模型，从产出效应和价格效应两个方面，分析货币电子化对我国货币政策效率性的影响。

第 7 章是结论与展望。回顾了全书得到的主要结论，给出相应的政策建议，并指出本书尚待改进之处以及未来的研究方向、研究议题。

1.3.2 结构框架图

本书的主要目的是探讨互联网金融创新、货币电子化对我国央行货币政策效应的影响。从货币电子化对货币供需的影响出发，层层推进，借助理论分析与实证检验方法，厘清当前新经济环境下电子货币对我国货币供需以及货币政策的影响。

本书首先探讨了货币电子化对货币需求和货币供给的影响，从而为后面的研究议题提供了分析基础。其次，结合已有的关于货币流通速度影响因素方面的研究，通过考察货币流通速度近年来的变化情况，检验货币电子化在货币供需方面的影响效应。最后，本书在此前有关电子货币作用于货币供需的分析基础上，将互联网金融创新、货币电子化因素纳入包括实体经济的总供需分析，在修正后的模型框架下进行相应的货币政策分析。总之，本书几个研究议题相辅相成，一起构成全书的研究主体。为了使本书的行文更加流畅、表述更加清晰，基于本书的研究内容和结构安排，本小节将全书的整体架构绘制成如图 1-5 所示的结构框架：

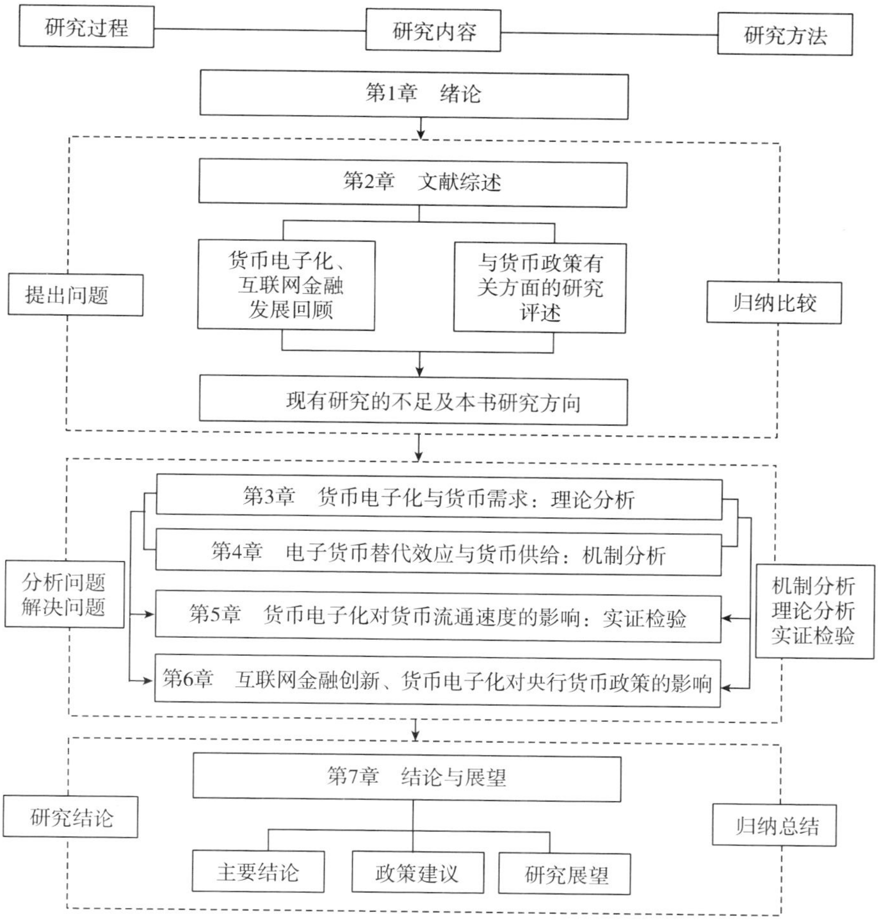

图 1-5 本书结构框架

1.4 本书的主要创新点

本书的创新之处主要体现在以下三点：

第一，明确设定货币电子化的各项影响渠道：在分析货币电子化对货币供需的影响方面，现有文献对电子货币类型的划分较为模糊，存在界定不清楚的问题，并且缺乏系统的理论分析与机制分析。本书以互联网金融、电子支付发展为背景，以电子货币对现金的替代为视角，根据电子货币载体及支付特征，将电子货币明确地划分为银行卡电子货币和第三方支付电子货币，在此基础上分析不同类型电子货币对货币供需的影响。此外，通过考察货币流通速度的变化趋势，综合考虑货币电子化、产业结构变化等因素，采用协整分析方法检验货币电子化在货币供需方面的影响效应，明确了我国电子货币替代效应目前还是主要发生在现金层面，对高层次货币主要体现为转化效应。本书从微观主体的货币需求角度出发，首先分析电子货币的存在对流通中现金的替代效应。根据凯恩斯的货币需求理论，微观主体的货币需求可以分为预防需求、交易需求以及投机需求，本书从这三个方面系统研究了不同类型电子货币对货币需求的影响。结果表明，不论是交易需求、投机需求还是预防需求，银行卡电子货币与现金的替代关系都是不完全的。在网络基础设施建设完备的条件下，替代程度取决于个人偏好和支付习惯等其他外生因素，而第三方支付电子货币能够与现金产生完全替代性。总的来说，不论是何种类型的电子货币，其存在必然会对微观主体的现金需求产生替代作用，影响货币需求中原有的变量关系，增加货币需求的不可预测性。

第二，分析电子货币对短期资产市场经济变量的影响：在电子货币影响货币需求的分析基础上，进一步考察电子货币替代效应对货币供给的影响机制与影响效果，主要从货币乘数和基础货币两个方面展开分析。这部分同样也是在本书电子货币分类的基础上进行的。概括而言，其影响机制在于：电子货币会改变通货存款比率，作为货币乘数的重要构成部分，通货存款比率变动又会进一步通过改变货币乘数，放大央行货币供给量。其中，银行卡电子货币扩大了央行监控下的货币供给，第三方支付电子货币不仅扩大了央行监控下的货币供给，而且扩大了央行监控外的货币供给。此外，不论是银行卡电子货币还是第三方支付电子货币，对基础货币总量都没有影响，只会造成基础货币的内部构成发生变化。与银行卡电子货币的不同之处在于，当第三方支付兼有担保支付与投资理财角色时，虽然同样不会影响到基础货币总量，但却会使基础货币中现金所占比重更小、准备金所占比重更大。总的来说，不论是何种类型的电子货币，其对流通中现金的替代效应都必然改变通货存款比率，进而引发货币乘数、货币供给的变动，还会影响到央行货币政策调控力度和执行效果。

第三，从全局均衡的角度探讨货币电子化下的货币政策效应：在互联网金融创新、货币电子化如何影响货币政策方面，国内外研究结论多种多样，尚未达成一致观点。此外，有关货币电子化在多大程度上影响货币政策有效性的研究较为少见，缺乏电子货币影响货币政策效率性的定量分析。本书在电子货币影响货币供需的分析基础上，将互联网金融创新、货币电子化因素纳入包括实体经济的总供需分析，整合成 IS-LM-BP-AS 模型，对传统模型进行修正。在整合后的模型基础上，从理论层面分析互联网金融创新、货币电子化对央行货币政策有效性的影响。概括而言，其影响机制在于这些因素能够通过影响交易效率、利率弹性、货币供需等渠道改变 IS-LM-BP-AS 模型中曲线的位置，从而影响货币政策的“挤出效应”，并进一步影响相应的政策效果。换言之，货币电子化改变了货币的需求及供给函数，电子货币对这两方面的影响效应强化了货币量对利率的影响程度，经由利率对投资的效果将会使得总需求上升。如果投资也与互联网金融创新、货币电子化有正向关联，货币政策对产出的效应会进一步加强。此外，本书借助随机前沿模型，从货币政策的产出效应和价格效应两个方面探讨电子货币等因素对货币政策效率性的影响，以期弥补现有文献在研究货币电子化影响货币政策效应方面的不足之处。结果表明，从货币政策操作目标到货币政策最终目标的作用效果和作用程度来看，货币电子化能够同时增强货币政策的产出效应和价格效应，在一定程度上提高央行货币政策的调控效率。

2 文献综述

本书主要研究当前互联网金融、电子支付发展背景下，互联网金融创新、货币电子化对我国央行货币政策的影响效应，因此，首先需要简要回顾一下货币电子化进程、互联网金融发展及现状；其次，对货币电子化影响货币需求与货币供给方面的相关研究进行综述；再次，对货币电子化影响货币流通速度方面的研究进行综述；又次，对互联网金融创新、货币电子化影响央行货币政策方面的研究进行综述；最后，通过对这些文献的评述得到相应的研究启示，提出进一步的研究空间和方向。

2.1 货币电子化进程、互联网金融发展及现状

2.1.1 货币电子化进程

国内外学者在研究电子货币的影响方面，较少考虑到对电子货币进行分类，而且常常存在界定不清楚的问题，以印文和裴平（2016）为例，其在研究我国电子货币的货币创造机制时将电子货币分为贷记卡、借记卡、预付卡以及虚拟货币等。但实际上，伴随互联网金融发展而兴起的比特币等虚拟货币目前来看仍然只

能算作一种投资品，并不能称为电子货币，虚拟货币并无国家信用背书，也并未得到广泛认可和使用。此外，预付卡本质上也可以归类到借记卡或者贷记卡中。因此，本书在借鉴其分类方式的基础上，根据现行的电子货币载体和支付特征，将我国的电子货币划分为基于银行卡的卡基型电子货币和基于互联网的网基型电子货币：卡基型电子货币主要是各类银行卡电子货币，包括以借记卡为载体的电子货币和以贷记卡为载体的电子货币；网基型电子货币主要是伴随互联网金融发展而出现的第三方支付电子货币。以下有关货币电子化进程的回顾也主要是在对电子货币的这一认知和分类下展开的。

从卡基型电子货币方面来看，银行卡作为卡基型电子货币媒介对推动货币电子化进程发挥着重要作用。银行卡是集消费、结算、信贷、理财等功能于一体的现代化支付工具，主要包括借记卡和贷记卡（信用卡）①。作为现代支付系统中重要的支付介质和支付工具，银行卡本身的经济功能与物理功能决定了它能够在相应的支付系统中提供各种支付服务。作为电子货币的主要载体和现代金融支付产品，银行卡在货币电子化进程和商业银行业务发展过程中扮演着重要而独特的角色。自 20 世纪 70 年代开始，科技飞速发展、计算机普及度日益提升，银行卡使用范围不断扩大，一方面使得流通中的支票和现金大为减少，另一方面由于突破了时空上的限制，也从根本上改变了银行业务。从我国货币电子化进程来看，1985 年中国银行发行的第一张“珠江卡”标志着我国开始步入货币电子化轨道，20 世纪 90 年代中期商业银行的借记卡和自动柜员机（ATM）推出后，我国的货币电子化进程不断加快（印文和裴平，2015）。

银行卡是市场经济发展的产物，同时也是货币信用发展的一种表现，回顾国外银行卡的发展历程，可以归纳为三个阶段：第一阶段是商业信用阶段，这一阶

① 借记卡是由发卡银行向社会发行的，具有转账结算、存取现金、购物消费等功能。借记卡不具备透支功能，消费特点是“先存款，后消费”。贷记卡（信用卡）是由发卡行发行，给予持卡人一定信用额度、允许持卡人在信用额度内先消费后还款的一种信用支付工具，具有信用消费、转账结算和存取现金等功能。信用卡于 1915 年起源于美国，而且最早发行信用卡的机构并不是银行，而是一些百货商店、饮食业、娱乐业和汽油公司，直到 1952 年，美国加州富兰克林国民银行首先发行了银行信用卡才开了银行信用卡的先河，此后，许多银行加入了发卡银行的行列。

段从20世纪初一直持续到40年代末；第二阶段是银行信用阶段，这一阶段从20世纪50年代一直持续到80年代；第三阶段是综合信用阶段，这一阶段从20世纪90年代开始一直持续至今，此阶段网络技术的发展极为迅速，银行卡也在逐步拓宽应用范围，拥有越来越多的发行主体，逐步迈向国际化，且银行卡信用当中包含了银行、商业、个人以及国家信用。相对于国外，我国的银行卡产业较晚起步，主要可分成下述五个发展历程：一是起步阶段，为1985年至20世纪90年代初。二是各银行分行独立发展银行卡业务阶段，为20世纪90年代初至1996年初，此阶段"金卡工程"启动。截至1996年末，全部银行卡发行量达到4170万张，其中将近一半为信用卡发行量，交易总额达到了729.42亿元。三是从1997年至2004年底，为银行卡逐步实现联网通用阶段，据相关数据统计结果，从1997年至2004年，银行卡的发行量从7175万张翻了十几倍，上升至7.69亿张，在2004年底共计达到26万亿元交易额。四是2005年至2012年，为银行卡联网通用深入发展阶段，这一阶段银行卡的支付环境不断改进和完善，我国一直都无自主品牌卡的状态也因中国银联推出"62"BIN号的银联标准卡得以改变，与此同时银联标准卡开始向国际市场延伸发展。根据相关统计数据，截至2012年底，中国银联累计发行了35亿张银联卡，一举成为全世界规模最大的支付卡组织机构。五是金融业与银行业在互联网背景下的融合发展阶段，为2013年至今，此阶段银行卡发行量总体仍在增加但发卡速度减慢，其中一个重要的原因在于互联网背景下企业平台的开发和创新，涌现出来的众多支付产品和理财产品使银行体系的资金得以分流。

从网基型电子货币方面来看，主要是伴随互联网金融发展而出现的第三方支付电子货币。美国电商巨头eBay于1998年12月在加州成立的子公司PayPal，不仅是现阶段最大的第三方支付公司，也是互联网金融的"鼻祖"，其在跨国交易当中被视作最有效的支付工具，并且PayPal于1999年推出了货币市场共同基金。不过信用卡消费在发达国家基本上已覆盖所有领域，所以，消费者在新型网络支付方面并无较高需求。而我国的支付宝自2004年建立之初，便呈现出旺盛的生命力，并于 2013 年推出余额宝①。自 2014 年第二季度开始支付宝成为全球最大的移动支付厂商，通过联合 180 多家国内及国外银行实施战略合作，支付宝在电子支付领域受到极大的信任，大多数银行也首选其作为合作伙伴。目前除了 PayPal、支付宝之外，还有英国的 Worldpay、美国的 Google Wallet 等全球知名的第三方支付。网上银行、第三方支付等应用日益广泛，实际上都意味着货币电子化在持续推进。尽管货币电子化水平在不同地区和不同国家之间存在差异，但可以肯定的是，货币电子化仍然是这个信息时代的发展趋势。

需要说明的是，当前的电子货币就其本质而言仅仅是货币形态的变化，并非一种完全脱离现金或存款的新型货币。电子货币是信息革命中出现的能够执行货币支付手段、流通手段、价值尺度等职能的现金与存款的替代物，其尚未形成独立的货币体系。就现阶段而言，电子货币本质上仍是货币，或者更具体地说，是一种以既有现金或存款等实体货币为基础存在新的货币形态，并且与实体货币能以 1：1 比率进行交换，具备“价值尺度”和“流通手段”的基本职能。除此之外，电子货币还有“价值保存”“储藏手段”“支付手段”以及“世界货币”等职能。作为支付手段，现阶段的电子货币是用电子化方法传递、转移的，以清偿债权债务实现结算，并不能脱离现金或存款。也有学者提到真正意义上的数字货币（虚拟货币），例如，2009 年全球金融危机后所出现的比特币、以太币以及莱特币等数字货币，因其去中心化的支付机制而广受关注。但是，本书目前主要考察的是法币的电子化给央行货币政策带来的影响，因此，对于比特币之类的加密数字货币只做简单介绍，其并不在本书所考察的电子货币范围之内。

2.1.2 互联网金融发展及现状

互联网金融指的是借助互联网与信息通信技术，传统金融机构与互联网企业

① 余额宝对接的是天弘基金旗下的余额宝货币基金，特点是操作简便、低门槛、零手续费、可随取随用。除理财功能外，余额宝还可以直接用于购物、转账、缴费还款等消费支付，是移动互联网时代的现金管理工具。2013 年余额宝的横空出世，被普遍认为开创了我国互联网理财元年，同时余额宝已经成为普惠金融最典型的代表。目前，余额宝依然是我国规模最大的货币基金。

实现资金融通、支付、投资的新型金融业务模式。关于互联网金融的基本属性，谢平等（2012）以及吴晓求（2014，2015）认为其既不同于资本市场的直接融资，也不同于商业银行的间接融资，而是一种新的金融业态。互联网金融一方面加快了货币电子化进程，另一方面对促进中小企业发展发挥了现有金融机构难以替代的积极作用。互联网金融最早起源于美国①，并形成了成熟、丰富的业务模式。目前其发展模式主要有第三方支付、P2P 网贷、众筹融资、数字货币、大数据金融等。其中，第三方支付模式在推动货币电子化进程方面起到了关键作用，而 P2P 网贷、众筹融资以及大数据金融等互联网金融模式则在改变企业融资渠道、资源配置以及信息处理等方面发挥了重要作用。下面我们将简要介绍互联网金融这几种模式的国内外发展情况。

2.1.2.1　第三方支付

从狭义上来讲，第三方支付是指具备一定实力和信誉保障的非银行机构，利用计算机、通信等先进技术，通过与各大银行签约的方式，在用户与银行支付结算系统间建立链接的电子支付模式。

目前，全球知名的第三方支付机构包括英国的 WorldPay、荷兰的 GlobalCollect、美国的 PayPal 和 Google Wallet 等。其中，较为突出的是创建于 1998 年的 PayPal，它是国外第三方支付市场发展历程的代表，以应对全球电商发展热潮作为成立的初衷。总的来说，国外第三方支付市场主要经历了两个发展阶段：一是依托个人电商市场逐步发展；二是向外部电商网站深入拓展。在我国，业务规模排名前两位的第三方支付公司为支付宝及财付通，两者共计占到 80%左右的市场份额。国内与国外第三方支付市场有着相似的发展历程。国内第三方支付市场也

① 美国互联网金融发展历程是一个从创新到融合的过程，大体而言，其发展经历了以下三个阶段：第一阶段，20 世纪 90 年代的蓬勃发展期。20 世纪 90 年代初，在互联网产业化热潮的带动下，网络银行、网络证券、网络保险等互联网金融模式在美国率先出现并迅速发展。第二阶段，21 世纪初至次贷危机前的平稳发展期。这一时期，受互联网泡沫破灭影响，美国没有出现新的互联网金融模式，传统金融机构的信息化和网络化成为主流，特别是大型商业银行纷纷加大对网络设施的投资和布局。第三阶段，次贷危机以来的融合发展期。这一时期美国互联网金融的发展呈现明显变化。传统金融机构在互联网金融发展中的主导地位进一步夯实，而互联网金融企业也在行业竞争的洗礼中逐渐形成了独特和差异化的市场定位，即成为廉价金融和普惠金融的主要提供者，成为传统金融体系的有益补充。

主要经历两个发展阶段：一是2004年至2010年，借助关联性交易平台，国内第三方支付机构累计大量用户；二是2010年至今，以中国人民银行正式出台《非金融机构支付服务管理办法》为标志，各细分行业的支付市场中也纷纷介入第三方支付机构。在不断壮大的同时，第三方支付机构也在持续提升其市场外延力度，支付脱媒现象逐渐显现。

2.1.2.2 P2P网贷

P2P网贷指的是借助第三方互联网平台实现资金借贷的匹配，是有借贷需求的人群利用网站平台寻找愿意基于一定条件且具有出借能力的出借人群，采用与其他贷款人共同出借给借贷人、共同分担贷款风险的方式，也帮助借款人在各信息对比的基础上选择最佳的利率条件。贷款人与借款人可通过P2P网贷平台进行直接联系，而不需要银行等金融中介机构的参与（Brummer and Gorfine，2014）。P2P借贷平台已经成为那些对传统银行失去信心或者由于严格的信贷标准而被银行拒之门外的个人和中小企业新的信贷来源（Milne and Parboteeah，2016）。

2005年3月，全球首家P2P网络借贷平台Zopa在英国伦敦上线。Zopa的创始人表示，当他们意识到银行本质上是连接借款人市场（Aiming at Loans）和贷款人市场（Aiming at Deposits）这两个金融市场的中介时，他们就产生了这个想法。对于一个金融科技创业者来说，这两个市场都构成了颠覆的机会，因为它们取代了银行作为中介的地位。例如，Zopa的创始人准确地预测到，越来越多的人会变得有信用，但仍然无法从银行获得贷款。Zopa特别针对两类贷款人：一类是寻求与借款人和贷款群体（Lending Community）建立更紧密社会联系的人；另一类是将P2P贷款视为使他们投资组合多样化的一种方法的人（Bholat and Atz，2016）。自Zopa创立以来，P2P借贷市场的规模有了巨大的增长，已经发展成为一个庞大的全球性产业。美国P2P网络借贷平台Prosper和Lending Club分别于2006年和2007年上线，其中，Lending Club是美国最大的P2P平台，在2017年拥有45%的市场份额，每月拥有280万用户，是其最接近的竞争对手Prosper的3倍多（Galland，2017）。凭借比银行贷款更加灵活、方便的这些特性，网络借贷模式在全球范围内很快被大量复制，如德国的Auxmoney、日本的Aqush、韩国的Popfunding等平台以及人人贷、拍拍贷等国内平台。借款人可在P2P网贷平台中发布借款信息，在对借款人的身份、信用等信息有一定了解的基础上，出借人可与借款人直接签订借款合同，为借款人提供贷款，同时借款人的还款状况也可及时获取，在此次出借中还可获取相应的报酬。

截至2017年12月，P2P网络借贷平台的交易总额达860亿美元。其中，最大的P2P市场在中国（560亿美元），依次是美国（257亿美元）和英国（42亿美元）。在美国进行的调查显示，大约有10%的人口使用P2P借贷。另外，统计数据显示，2016年中国有5500个P2P借贷平台。

2.1.2.3　众筹融资

众筹融资（Crowd Funding），是通过社交网络募集资金的互联网金融模式。众筹实际上就是大众筹资，主要是利用团购等形式向社会各界的网友募集资金的模式。众筹主要是借助互联网与SNS（Social Networking Services）的传播特性，让创业企业、个人将自身的创意与项目展示给公众以得到公众的关注及认可，从而获取必要的资金支持。各个众筹平台基本上都采用相同的运作模式，都是有资金需求的一方将项目交于众筹平台，待平台审核之后，则可于平台中建立独立页面，将项目状况展示给公众。

美国2001年成立的ArtistShare是第一个成立的众筹网站，其主要面向音乐界艺术家及其支持者。全球最大、最成功的众筹平台是2009年4月创立的众筹网站Kickstarter，该网站采用建立网络平台的形式向公众筹集资金，将筹集的资金提供给有创造力的人作为支持。此模式与传统融资模式不同，个人创作以及活动所需资金都可通过该模式筹集，融资也不再只是来自风投等机构，大众也是资金的来源途径。该模式最初在欧美形成，在不断成熟的过程中推向亚洲、非洲等地区。众筹进入我国的时间较晚，2011年我国才成立了国内第一家众筹平台“点名时间”，但最近几年随着互联网金融的快速发展，众筹网、天使汇、大家投、人人投等众筹平台也快速涌现。我国当前的众筹平台共有数十家，且众筹类型包含股权、捐赠性、奖励型等多种形式。从本质上来讲，众筹平台起到了融资中介的作用，目的是促成筹资项目的顺利完成，因此，优质的众筹平台能够对项目完成效率起到很好的提高作用。

2.1.2.4 数字货币

数字货币（Digital Currency），也被称作虚拟货币，作为一种新型数字货币如今在网络盛行，比较著名的有比特币、莱特币、以太币等。以比特币为例，不同于早期电子货币形式，它是一种无中央发行方的，基于网络运算产生的、开源的匿名新型数字货币。比特币最早源于2008年1位网名为中本聪（Satoshi Nakamoto）的黑客发表的一篇论文，在其论文中，中本聪详细描述了比特币的模式。比特币为全球首个分布式的匿名数字货币，只能被其真实拥有者使用，且原主人在使用一次之后即不再拥有该比特币的所有权。比特币没有特定的发行机构，而是通过一系列算法产生的。截至2018年1月9日，全球有多达1300种虚拟货币，总市值约7543亿美元，比特币居首位，占比约34%。欧洲中央银行（European Central Bank，ECB）认为不论是从经济观点还是从法律观点来看，比特币等虚拟货币都不能算作货币。从经济观点上来说，货币必须具备交易媒介、价值储藏以及计价单位三大功能，而比特币只被少数人接受，并且其价格波动性高的缺点使其难以具备价值储藏功能。另外，比特币不仅价格波动性高，其购买力波动性也高，不适合充当计价单位。从法律观点上来看，货币是能被广泛用来交换价值的工具，而比特币尚未具备此特性，且目前未有任何一个国家认定其为法定货币，比特币不具有法偿效力，充其量为买卖双方合意的支付方式。

数字货币在全球发展的历史较短，但是发展速度较快。包括我国在内的许多国家都在进行官方或者民间的尝试，不断总结经验。以欧洲为例，2015年数字货币在欧洲相关国家和地区的交易量超过了10亿欧元，总量虽然不大，但是来势凶猛。目前英国银行也在研究考虑未来是否由央行来发行数字货币，相关研究工作还处于初级阶段。而我国央行也于2017年1月27日正式成立数字货币研究所，旨在研究区块链和数字货币，从而确保区块链技术的潜力能够被最大限度地用于我国金融行业。

2.1.2.5 大数据金融

大数据金融是指通过对多维度、非结构化数据进行实时分析，是大数据与传统金融之间的融合，为互联网金融机构提供客户全方位信息。大数据金融使金融机构可以更好地依据客户偏好、交易能力和消费情况制定相应的营销及风险控制策略。大数据金融的核心在于对海量信息的分析处理，通过迅速从数据中抓住有价值的信息，加快资产变现的速度，为金融机构创造更大的经济效益。在互联网及信息化时代，大数据技术不仅在电子商务平台中得到了充分的运用，而且推动了金融行业的发展。在大数据金融快速发展趋势下，金融机构如何充分利用大数据技术提取有价值的客户信息是金融管理者所关注的问题。随着大数据金融的完善，企业将更加注重用户个人体验，进行个性化金融产品设计。在未来，大数据金融企业之间的竞争将存在于数据的采集范围、数据真伪性的鉴别以及数据分析和个性化服务等方面。

互联网金融模式远不止这些，本书只介绍上述几个与本书研究主题相关的模式。需要强调的是互联网金融运行本质上有三个核心部分：其一，在支付方式方面，主要表现为现金、证券等金融资产的支付和转移通过网络进行，现钞流通被支付清算电子化所替代；其二，在信息处理方面，得益于大数据技术以及云计算，人们可以通过互联网快速获取自己所需的信息，不管是需要资金的一方，还是提供资金的一方，都可以通过互联网快速了解双方的信息，且获取信息的成本非常低；其三，在资源的优化配置方面，在交易成本极低、供需信息几乎完全对称的条件下，互联网金融模式促成了“充分交易可能性集合”的形成，诸如个人投资、中小企业融资、民间借贷等问题变得容易解决了。互联网金融发展一方面使金融产品的种类更加丰富，进而促进了经济的发展；另一方面变革了传统的支付、结算和融资模式，对现有的货币政策形成了一定程度的冲击。

2.2 货币电子化在货币政策方面影响的研究评述

电子支付不仅改变了大众的支付方式和支付习惯，它所引发的货币电子化浪潮还对传统的货币理论以及货币政策构成了挑战。支付货币的电子化对货币供给层次的结构和规模、货币乘数、货币需求以及货币流通速度都会产生一定的影响，进一步又会影响到央行货币政策的制定、实施及有效运行。正确认识货币电子化在货币供需等方面的影响，对央行合理制定和实施货币政策、提高货币政策执行效力具有重要意义。这部分主要对货币电子化影响货币政策方面的国内外相关研究进行评述。

2.2.1 货币电子化对货币需求的影响

对货币需求进行研究历来是宏观经济分析中的重要组成部分，在以货币供应量作为货币政策中介目标的政策范式下，对货币需求的变动情况进行考察更是央行调节货币供给、制定货币政策的基本依据。在这样的政策范式下，央行通常都是在其所预测的货币需求总量的基础上对货币供应量目标进行调整的，从而实现相应的产出增长目标和价格稳定目标。通常来说，只有货币需求函数相对稳定，据此预测货币需求和货币流通速度等变量时才会准确有效。电子货币以其交易的便捷性在一定程度上对传统货币形成替代，这将对货币需求中原有的变量关系造成影响，增加了货币需求的不可预测性，进而增加央行设定合理货币供应量目标的难度。因此，深入研究电子货币对货币需求的影响效应，不仅对货币需求理论的前瞻性探索具有重要的理论意义，而且对提高我国货币政策有效性具有重要的现实意义。

在传统货币需求理论中，凯恩斯货币需求理论一直占据着重要地位，其将货币需求分为预防性需求、交易性需求以及投机性需求。其中，投机性需求取决于利率，而交易性需求和预防性需求取决于收入。随着经济环境的变化，学者们进一步研究和完善了凯恩斯货币需求理论。在交易需求方面，Baumol（1952）提出了“平方根公式”，证明了交易需求与利率、收入之间存在一定的关系。在预防需求方面，Whalen（1966）认为市场利率越高，货币的预防需求越低。Tobin（1956）从投机需求出发，认为未来具有不确定性，货币需求利率弹性的根源是人们的避险愿望。如今，伴随互联网金融、电子支付技术的发展，作为支付媒介的电子货币得到广泛使用。货币电子化有效降低了信息成本和交易费用，使得人们转换货币用途时几乎不需要耗费成本。电子货币的存在使不同层次的货币实现快速、低成本的相互转化，货币的预防需求、交易需求以及投机需求之间的边界逐渐弱化，投资结构之间的可变性也大为增强。总的来说，电子货币的存在对传统的货币需求理论提出挑战，在互联网金融不断发展、货币电子化进程不断深入的新经济环境下，电子货币成为货币需求研究、货币政策制定中一个不可忽视的考量因素。

国外有大量文献探讨了金融创新对货币需求的影响，大多认为金融产品的演化导致了传统货币需求函数的不稳定性，电子支付技术的发展会破坏货币需求，并且随着电子货币使用规模的不断扩大，公众对央行货币的需求会极大降低。其中，Viren（1992）使用芬兰的信用卡交易数据作为金融创新指标变量，从实证分析角度对货币需求方程进行估计，发现信用卡交易对货币需求有很强的抵消作用。Hayes 等（1996）则同时考察了基于智能卡的电子货币和基于网络的电子货币对货币需求的影响情况，发现基于智能卡的电子货币主要会减少公众对通货的需求，而基于网络的电子货币因为交易成本的降低和学习溢出效应（Learning Spillovers）①，不仅会影响通货需求，还会影响活期存款需求。Stix（2004）使用奥地利的调查数据进行分析后发现，现金被借记卡和电子转账所取代。Amromin 和 Chakravorti（2007）利用横截面数据进行分析后发现，ATM 及借记卡的发展减

① 学习溢出效应指的是使用基于软件的数字货币产品将提高用户的技能和知识，利用个人理财软件和电信技术优化他们的财务状况。个人理财软件产品可以跟踪账户信息和货币交易，帮助创建预算、管理投资、填写税务表格，此外还提供电子银行和电子票据支付服务。

少了流通中的货币。Nagayasu（2012）通过使用日本区域数据（Japanese Regional Data），研究了近年来金融创新对货币需求的影响，借助面板协整分析方法，得出了与 Hayes 等（1996）一致的结论，即金融创新倾向于减少活期存款，而且这一结果具有很强的稳健性。

Attanasio 等（2002）以及 Lippi 和 Secchi（2009）使用意大利的微观数据进行相关分析后，同样发现 ATM 和借记卡的发展使流通中的现金减少了。其中 Attanasio 等（2002）使用意大利银行 1989 年至 1995 年的家庭调查数据，并结合支票及储蓄存款利率以及 ATM 交易支付等金融创新指标数据，在 Baumol-Tobin 货币需求模型的基础上研究了金融创新对家庭交易性货币需求的影响，发现与不使用 ATM 卡（ATM Card）的家庭相比，选择使用 ATM 卡的家庭其资金需求的利率弹性要大得多，拥有 ATM 卡的家庭的利率弹性（-0.59）几乎是没有 ATM 卡的家庭的两倍（-0.27）。Alvarez 和 Lippi（2009）建立了一个动态现金需求库存模型，明确金融创新对现金管理的影响，同样利用来自意大利家庭的详细微观数据估计了模型的结构参数，结果表明，ATM 卡等金融创新会显著影响货币需求，并且会强化货币需求利率的弹性。Nyamongo 和 Ndirangu（2013）使用肯尼亚 1998~2012 年的相关数据，从实证分析角度考察了金融创新对货币政策的影响，结果表明，货币流通速度、货币乘数以及货币需求都因为金融创新的存在而变得不稳定。Fujiki 和 Tanaka（2014）借助工具分位数回归模型，采用日本家庭的调查数据，估计了电子货币使用条件下的货币需求函数，并认为无论是从消费者还是从企业的货币需求角度来看，纸币或现金都要比电子货币花费更多的交易时间和更高的交易成本，因而电子货币将对纸币或现金形成替代，降低对央行通货的需求。

Berentsen 等（2015）认为 20 世纪 90 年代，货币需求（M_1 Money Demand）与利率之间的经验关系的瓦解与金融创新之间存在显著关系。通过从交易性货币需求角度构建一个微观货币模型，Berentsen 等（2015）分析了金融创新在多大程度上可以解释货币需求与利率之间经验关系的瓦解，发现金融创新可以很好地解释货币需求的改变（书中的金融创新具体为 20 世纪 90 年代初引入的 the Sweep

Technology，这种技术本质上是由银行使用的软件组成的，这些软件可以在保持客户对交易存款的感知不变的情况下，自动将资金从支票账户转移到其他账户。因此，对于客户来说，这些资金就像存款账户中的钱一样具有流动性，但却能够使其进入货币市场用闲散资金进行投资。此外，the Sweep Technology 使得更多的资金可以用于贷款）。另外，还有其他一些相关文献从信用卡等形式的金融创新角度入手，对其在货币需求方面造成的影响进行分析，得出金融创新可在一定程度上解释货币需求的改变（Telyukova and Wright，2008；Rojas，2013；Telyukova，2013）。

不过，也有一些研究得出了不同的观点。Owen 和 Fogelstrom（2005）通过使用 2001 年的消费者财务状况调查数据（SCF）进行实证研究，发现以智能卡为载体的电子货币不是活期存款的替代品，公众在持有电子货币的同时也持有大量的活期存款，认为电子货币的出现并不会对货币政策的实施造成不利影响。Chimobi 和 Igwe（2010）针对尼日利亚金融创新的影响效应，借助误差修正模型和协整检验展开实证分析，得出的结论为，在金融改革日益深入的同时，衍生出各种各样的金融创新产品给尼日利亚的经济带来积极影响，但对其货币需求函数的影响并不明显。此外，Greene 和 Shy（2014）从电子货币和虚拟货币的差异分析入手，认为政府许可等因素决定了电子货币和虚拟货币对货币需求的具体影响效应。

从国内研究来看，董玉玲和杨晓光（2008）从实证层面分析了金融创新对我国货币需求的影响，指出金融创新会降低对于流动性的需求，随着金融创新的发展，货币需求倾向于下降。王倩（2009）通过在货币需求方程中加入 ATM 和 POS 机的数量，使用 1994~2007 年的相关数据，分析了银行卡支付方式对现金需求的影响，实证结果表明，银行卡支付降低了现金需求。冯科和舒博（2011）通过建立一个反映金融电子化与现金需求关系的 VAR 模型，使用 1998 年 1 月至 2010 年 12 月的月度相关数据，分析了金融电子化程度（以 ATM 机密度指标来刻画）对现金需求的影响，发现电子支付科技的进步会降低居民的现金需求，指出将金融电子化程度引入现金需求模型能很好地解释“货币失踪”[①] 等经济现象。张培良和刘方涛（2019）基于经典的现金需求理论构建实证模型，采用1986~2017年的银行卡消费数据，从增量替代和总量替代两个方面研究了非现金支付对现金支付的替代效应。结果表明，非现金支付能够明显替代现金，并且移动支付对现金的替代效应呈现加速发展态势。

杨彪和李冀申（2012）通过分析第三方支付的运行机制的诞生给金融体系带来的影响，指出其对货币流通速度提升、降低货币需求、减少货币与非货币的转换成本都极为有利，还可在一定程度上提升货币需求对利率的敏感性。谢平和刘海二（2013）根据电子货币是否与传统商业银行有关，将电子货币分为基于银行卡的电子货币和基于虚拟账户的电子货币，并运用MIU模型（Money in Utility）探讨了移动支付和电子货币如何影响现金需求，认为随着移动终端的普及以及网络规模效应的显现，移动支付和电子货币将最大限度地发挥其成本低的优势，这就会使人们对现金的需求逐渐减少，进而改变货币需求形式。不过，谢平和刘海二（2013）在对电子货币的划分上存在一些争议，帅青红（2007）认为基于虚拟账户的网络货币不会对货币政策造成影响，原因在于现实中的货币不能与虚拟账户的网络货币进行互兑。孙宝文等（2009）对此也持有相同的观点。此外，谢平和刘海二（2013）在移动支付和电子货币影响货币需求方面也仅限于对交易性货币需求的理论分析上。

李楠等（2014）、史新鹭和周政宁（2018）在凯恩斯流动性偏好理论框架下分别分析了现代支付体系的发展以及货币电子化对于交易需求、预防需求以及投机需求这三类货币需求的影响。其中，李楠等（2014）认为，在交易性货币需求方面，第三方支付通过降低交易成本、提高资金利率而降低了市场对于货币的交易性需求；在预防性货币需求方面，现代支付体系的发展虽然并不能对企业或个人未来支出的不确定性产生显著影响，但却能够通过降低转换成本、推高资金利率而降低预防性货币需求；在投机性货币需求方面，由于第三方支付平台发行的

① “货币失踪”指的是20世纪70年代以来货币需求真实值长期低于函数预测值而产生的“货币消失”之谜现象。

各类现金管理工具能够提供高于无风险利率的动态收益率，并且不影响资金的流动性，因而降低了传统的投机性货币需求。总的来说，李楠等（2014）对支付体系变革影响货币需求方面的分析是较为全面的，不足之处在于，其主要是在已有的平方根模型、立方根模型的基础上做了定性分析，而没有构建相应的理论模型进行深入分析。相比之下，周光友和施怡波（2015）、王潇颖和冯科（2011）则是通过构建相应的货币需求模型，分析了电子货币对货币需求的影响情况。

其中，王潇颖和冯科（2011）发现在微观主体的投机需求方面，电子货币的替代作用几乎是完全的，而在微观主体的交易需求方面，电子货币对现金的替代是不完全的；在预防需求方面，电子货币不仅会对现金产生替代，还会对更高层次的货币产生替代。但遗憾的是，王潇颖和冯科（2011）并未对电子货币类型进行划分，因而也未能发现不同类型电子货币对三种货币需求的不同替代效应。周光友和施怡波（2015）针对预防性货币需求，在 Whalen（1966）的模型设定基础上，通过理论与实证研究，发现由于电子货币具有安全性和收益性，人们会持有更多的电子货币而减少对预防性现金的需求。但与王潇颖和冯科（2011）一样，周光友和施怡波（2015）也忽略了不同类型电子货币对货币需求可能产生的不同影响。此外，由于周光友和施怡波（2015）在模型中没有考虑到电子货币能够降低转化成本这一重要特征而使其模型有所欠缺。

综上所述，现有的文献在电子货币影响货币需求方面的研究上均取得了许多有价值的成果，是本书的重要参考和研究基础，但这些已有的研究仍然存在一些不足之处：首先，根据凯恩斯货币需求理论，微观主体的货币需求分为预防需求、投机需求以及交易需求，但从经典的货币需求理论角度系统分析电子货币对这三种货币需求影响效应的研究较少，而且多集中于其中一种货币需求的分析上；其次，在电子货币对货币需求的影响方面，也少有文献考虑到对电子货币进行分类并讨论不同类型电子货币对货币需求的影响效应，这是容易被忽略的方面却也是重要的方面，因为不同类型的电子货币对货币需求产生的影响可能大不相同。

2.2.2 货币电子化对货币供给的影响

在现代货币理论中，货币供应量是由央行投放的基础货币按照银行体系的货币乘数放大后决定的，因此，一国货币供应量大小取决于基础货币和货币乘数两个因素。银行卡作为卡基型电子货币载体对推动货币电子化进程发挥着重要作用。20 世纪 70 年代以来，随着电子计算机应用的普及，银行卡的使用范围不断扩大，这个过程减少了经济体中现金和支票的流通，从而对货币乘数以及基础货币产生了一定的影响。近年来，伴随着互联网金融的发展，尤其是第三方支付等支付方式的普及，电子货币对流通中现金的替代规模进一步扩大，这在一定程度上加剧了货币乘数的内生性，增加了央行调控货币供应量的难度，造成货币总量指标与实体经济变量的关系进一步趋弱，央行数量型货币政策调控手段正面临着前所未有的挑战。

中国人民银行发布的《支付体系运行总体情况》相关数据显示，2018 年第三季度全国总共办理非现金支付业务 579.85 亿笔，金额为 925.46 万亿元，同比分别增长 33.31%和 0.18%。国有银行和商业银行处理的电子支付交易业务超过 400 亿笔，涉及金额约 600 万亿元，而其余支付机构处理的电子支付业务累计超过 1300 亿笔，涉及金额超过 50 万亿元，并且保持快速增长的趋势。通过这些数字可以发现，随着网上支付、移动支付等电子支付系统的不断建成和运行，我国非现金支付业务量呈现出飞速增长态势，电子支付规模正在不断扩大。作为货币演化中的最新形式，电子货币逐渐取代传统货币似乎已经成为一种必然趋势，因此，准确把握货币电子化对货币供给的影响，对央行制定适度的货币政策具有重大意义。

从国外的研究来看，Hebbink（1996）指出，电子货币的存在会增加货币乘数的内生性并降低中央银行对基础货币的控制力。此外，电子货币的使用还将减少央行的铸币税收入。Berentsen（1998）探讨了电子货币的广泛使用将如何影响货币政策，认为电子货币可以在很大程度上降低消费者和企业的交易成本以及不同类型账户之间的转换成本，对央行货币（Central Bank Currency，C）形成替代，改变活期账户存款（Transaction Deposits，D），从而影响货币总量。此外，Berentsen（1998）还指出电子货币对央行货币的广泛替代可能使货币政策的执行更加复杂化。Sato 和 Hawkins（2001）分析了电子货币对支付方式、金融中介以及传统金融市场的冲击，认为电子货币的使用必然影响到货币乘数、基础货币以及货币流通速度，进而影响到货币供应量。Reddy（2002）分析了电子货币下中央银行资产负债表的变化情况，并进一步分析了这一变化对货币政策的影响，指出电子货币的存在会使央行的铸币税收入下降，在一定程度上缩减了央行的资产负债规模。与此同时，电子货币也增加了货币乘数的内生性，从而影响央行对货币供给的控制力。

而 Helleiner（1998）、Goodhart（2000）、Freedman（2000）、Woodford（2000）以及 Owen 和 Fogelstrom（2005）等认为，虽然电子货币的出现对货币乘数及基础货币会产生一定的作用，增加央行运用传统信用创造理论控制货币供给的难度，但这种影响是有限的，认为对货币政策未来的担忧被夸大了。其中，Helleiner（1998）指出，作为货币形态演变的最新形式，电子货币不太可能对中央银行的权力构成重大威胁。Woodford（2000）进一步指出，即使在未来电子货币有可能发生巨大的变化，这些变化也不太可能影响货币政策的实施，认为除非电子货币能够影响央行如何调控短期利率，否则电子货币不会影响央行货币政策的有效性。Williamson（2004）也认为虽然电子货币的使用会减少央行通货的使用，但央行仍然可以在货币清算过程中发挥不可替代的作用。Owen 和 Fogelstrom（2005）使用 2001 年的消费者财务状况调查数据（SCF）进行实证研究发现，以智能卡为载体的电子货币不是活期存款的替代品，公众在持有电子货币的同时也持有大量的活期存款，其认为电子货币的出现并不会对货币政策的实施造成不利影响，即使电子货币的使用变得更加普遍，也尚未发现证据表明它会干扰货币政策的执行。

不过，Fung 等（2014）回顾了近些年电子支付发展的状况及其对央行货币政策实施效果的影响，指出尽管现金的彻底让位不可能发生，但央行仍需继续关注和评估电子货币带来的影响。

国内学者对此也进行了广泛的研究。尹龙（2000）认为电子货币不仅对电子商务的发展意义重大，而且直接或间接地影响到了现有的货币体系、央行地位、货币政策的实施和金融监管等。利率作为货币政策中介目标可能不会受到太大影响，不过其形成机制将会更加复杂，但货币供应量作为货币政策中介目标将会在可控性、可测性以及与最终目标相关性等方面都会受到较大的影响。董昕和周海（2001）、胡海鸥和贾德奎（2003）认为金融电子化浪潮在给金融业带来效率和机遇的同时，也对传统的银行经营与监管模式提出了挑战，对央行的货币政策、职能、地位以及作用等方面均产生了深刻的影响，指出电子货币的广泛使用将减少流通中的现金，直接影响到基础货币。此外，电子货币也放大了货币乘数，使得基础货币的扩张系数失去以往的稳定性，不仅对货币供应量产生影响，也使货币传导机制受到影响。陈雨露和边卫红（2002）也指出，电子货币的发展对央行货币发行权、独立性、货币政策以及传统监管机构都将提出挑战，使央行在金融调控与监管中面临诸如丧失货币发行权、损失铸币税收入及货币政策失效的风险，认为货币政策的实施将会因为电子货币的存在而变得更加繁杂和困难，以货币供应量作为中介目标的货币政策将受到挑战，并最终影响到货币政策的有效性。靳超和冷燕华（2004）以是否发生借贷为基准对电子货币进行了分类，在此基础上分析了电子货币对货币供给的影响，指出电子货币通过将更多的货币纳入到银行系统乘数创造的过程中，从而放大了货币乘数。

持有上述类似观点的还有王倩和纪玉山（2005）、肖崎（2009）、谢平和刘海二（2013）、杨弋帆（2014）、印文和裴平（2016）、周光友和张逸佳（2018）、史新鹭和周政宁（2018）等，尽管研究视角各异，但同样都认为电子货币的使用会影响到货币乘数以及基础货币，并进而影响到货币供给。其中，印文和裴平（2016）通过将电子货币划分为借记卡、贷记卡、预付卡、类预付卡及虚拟货币，分别研究了不同类别电子货币替代所产生的货币供给创造效应，指出当前我国数量型货币政策工具的操作环境日益复杂。周光友和张逸佳（2018）以第三方支付电子货币作为研究对象，通过建立基于厂商和消费者的博弈模型，分析微观主体持币动机和电子货币替代的驱动因素，并进一步对电子货币在货币供给方面的影响进行分析。结果表明，电子货币会改变公众流动性偏好、货币选择意愿以及货币需求行为。此外，电子货币对现金的这种替代效应会使得现金使用量以及准备金水平发生变化，进而影响基础货币的可控性。

综上所述，电子货币对货币供给的影响受到了广泛的关注，已有的研究取得了丰硕的成果，为本书奠定了重要的研究基础。但由于电子货币仍然处于发展阶段，对其进行的相关研究仍然存在一些不足之处：首先，已有的文献对电子货币类型的划分较为模糊，而随着互联网金融的发展、电子支付的普及，后续研究需要对电子货币概念和类型进行更加明确的界定；其次，现有的研究多为定性分析与实证分析，但由于对电子货币类型和概念的界定不够清楚，因而未能清晰地阐述不同类型电子货币对货币供给的不同影响效果，在电子货币对货币供给的影响机制分析部分有所欠缺，而且较为缺乏对目前最有代表性的第三方支付电子货币如何影响货币供给的研究。总体来看，有关电子货币对货币供给的影响仍然缺乏深入细致的系统性研究。以上这些不足之处也为本书的研究预留了空间，本书将以现有的研究为基础，以电子货币替代效应为视角，在电子货币分类基础上，从货币乘数和基础货币两个角度，分别研究不同类型的电子货币对货币供给的影响机制和影响效果。

2.2.3 货币电子化对货币流通速度的影响

货币流通速度通常是指货币在一定时期内的平均周转次数，是体现名义产出水平和货币数量之间关系的宏观变量。货币流通速度越快，流通中所需要的货币量越少，反之则越多。货币流通速度的稳定性决定了货币总量和货币需求的可预测性，因而在确保货币政策的有效性方面起着至关重要的作用（Akinlo，2012）。鉴于货币流通速度的稳定性决定了货币量的变化能否对宏观经济活动产生稳定的、可预测的影响，各国货币当局在制定与实施货币政策时都会对货币流通速度的变化情况进行十分慎重的考量，以货币供应量作为货币政策中介目标的国家更是如此。制定可信的货币政策方案需要了解货币流通速度及其决定因素，如果对货币流通速度把握不准，货币需求就不能被准确预测，从而央行的货币供给也难以做到适度适量。例如，1982 年美国经历深度衰退的部分原因就是货币流通速度的大幅、意外以及无法解释的下降（Mankiw，2006）。货币供应量及货币流通速度将货币与一国经济活动联系在一起，其对保证货币政策的有效性而言具有重要作用，因此，对货币流通速度的变动趋势以及影响因素进行研究同样具有重要的理论和现实意义。

在过去几十年里，有许多学者致力于解释发达国家和发展中国家货币流通速度的决定因素，对货币流通速度长期行为的研究引起了广泛的兴趣（Friedman and Schwartz，1983；Bordo and Jonung，1981，1987；Siklos，1993；Bordo et al.，1997）。其中，Friedman 和 Schwartz（1983）的开创性研究认为，金融深化（Financial Sophistication）是决定美国和英国货币流通速度长期行为的一个重要因素。Bordo 和 Jonung（1981，1987）研究了加拿大、美国、英国、瑞典和挪威 5 个工业国家 1880~1975 年近 100 年的货币流通速度（Income Velocity of Money），发现这些发达国家的货币流通速度均呈现出 U 型变化特征，并且制度假说可以很好地解释这种形态的流通速度变化特征。具体来说，Bordo 和 Jonung 认为 U 型特征是金融发展和货币化进程共同作用的结果。一方面，经济货币化进程所导致的货币需求增加快于经济增长，从而降低货币流通速度；另一方面，金融发展及金融深化通过降低货币作为一种资产的需求，从而提高了货币流通速度。Siklos（1993）延续了 Bordo 和 Jonung（1981，1987）的研究，证实了在传统的货币流通速度模型中加入制度因素变量，能够生成一个长期货币流通速度统计模型。Bordo 等（1997）利用协整和误差修正模型，研究了制度因素在解释加拿大等 5 个工业化国家货币流通速度长期行为中的作用，并考察了这些制度因素是否能够解释这些国家在一个多世纪的数据中普遍存在的 U 型模式，结果表明，制度变迁能够很好地解释这些国家货币流通速度长期行为上的这一相似性。

伴随着互联网金融、电子支付方式的发展，作为支付媒介的电子货币对货币流通速度将会产生什么样的影响？从国外的相关研究来看，有关电子货币对货币流通速度的影响方面，Sullivan（2002）认为随着电子货币的使用日益广泛，货币流通速度将会受到其影响，具体而言，电子货币加快了货币流通速度，并且如果电子货币不能包含在货币总量统计中，将导致央行无法对其进行衡量，进而会降低央行调控货币政策的能力。Priyatama 和 Apriansah（2010）针对印度尼西亚的电子货币及货币流通速度两者的关系，应用实际现金余额法进行研究，通过研究得出发行电子货币后现金需求函数会有所改变，流通货币也会相应地减少，而现金流通速度会加快。而 Parker（2008）对芬兰在 1970~1998 年的货币数据展开实证分析，结果表明电子货币的存在使得货币流通速度有所降低。根据 Bordo 和 Jonung（1981，1987）等研究所得出的经验证据，Ajit 和 Wang（2013）研究了 1978~2011 年中国货币流通速度的近似决定因素以及 M_1 和 M_2 的流通速度变动趋势，基于中国货币总量（M_1 和 M_2）的流通速度变动趋势，Ajit 和 Wang（2013）证实了中国仍处于其他工业化国家货币流通速度 U 型模式的第一阶段（下降阶段），不过 M_2/M_1 比值变化情况也揭示了金融创新在解释中国货币流通速度行为方面所发挥的日益重要的作用。

Nampewo 和 Opolot（2016）研究了 2000~2013 年乌干达金融创新对货币流通速度的影响。结果表明，金融创新对货币流通速度的短期和长期影响分别为显著的负向作用和显著的正向作用，其研究结果进一步发现，金融创新并不影响长期货币流通方程的稳定性。Nampewo 和 Opolot（2016）的研究结果与 Adam 和 Walker（2015）、Ndirangu 和 Nyamongo（2014）一致，即金融创新不会影响到货币总量的稳定性。有关电子货币造成的货币流通速度变化是否会影响到央行货币政策效果方面，Mishkin（2013）指出，货币数量理论在长期适用，从长远来看，货币流通速度的变化将对通货膨胀或物价水平的变化产生影响。若以 Mishkin（2013）的研究结论为依据，电子货币对货币流通速度的影响会进一步影响到央行货币政策。

从国内的相关研究来看，早期的王鲁滨（1999）、董昕和周海（2001）等，近期的王亮和吴浜源（2013）、李楠等（2014）、李淑锦和张小龙（2015）等都认为电子货币的存在会加快货币流通速度。而另一部分学者则持有不同观点，周光友（2006）从电子货币对传统货币的替代加速和替代转化两种替代效应出发，认为这两种替代效应的存在使电子货币并没有加快货币流通速度，反而使得货币流通速度有所降低。此外，也有学者指出电子货币对货币流通速度的影响效应具有复杂性。蒲成毅（2002）认为，随着电子货币对纸币通货的逐渐替代，在初期货币流通速度会随着电子货币的广泛使用而下降，此后货币流通速度又将随着金融创新和经济稳定化程度的提高而上升。游鸿辉和苑德宇（2007）在研究电子货币给货币流通速度带来的影响时，发现电子货币会先降低货币流通速度，之后又转而提升货币流通速度。陈隆等（2015）对网络金融发展对货币流通速度造成的影响进行了分析，结果表明，货币流通速度和金融发展程度以及拆借利率之间存在长期稳定关系，指出应将虚拟经济对货币量的分流作用纳入考虑范围，加强货币流通监测。刘达（2017）基于费雪方程构建了以不同层次货币流通速度作为因变量的计量经济模型，考察了第三方支付在货币流通速度方面造成的影响，结果表明，第三方支付交易额的增长与现金、狭义货币以及广义货币三个不同层次货币流通速度之间均有显著的正向关系。

除了金融创新视角之外，也有学者从其他视角研究了我国货币流通速度变化问题，如货币化进程、产业结构变化等。在产业结构视角方面，赵留彦和王一鸣（2005）、李治国和唐国兴（2006）、汪军红和李治国（2006）、范从来和杜晴（2015）、陈思翀等（2018）认为产业结构变动，特别是第三产业比重的上升以及第一产业比重的下降，是造成我国货币流通速度下降的主要原因。在货币化进程方面，易纲（1996）认为导致货币流通速度下降的主要原因是经济货币化对新增货币产生的稀释作用，且其提出的这一货币化解释在国内具有较高的影响力，持相同观点的还有谢平（1996）、张杰（1997）、左孝顺（1999）等。但也有研究提出不同的看法，如徐天添（2002）研究认为经济货币化造成货币流通速度下降的说法只能解释我国 1983~1998 年的情况。汪军红和李治国（2006）研究指出，货币流通速度与经济货币化进程之间并不存在长期关系，而产业结构变动能够对货币流通速度的变化情况提供很好解释。

综上所述，国内外有关电子货币如何影响货币流通速度的研究还没有形成统一结论。此外，国内的研究视角除了金融创新、制度因素之外，还考虑到了我国产业结构变化的影响。本书将结合已有的关于货币流通速度方面的研究成果，综合考虑各种可能的影响因素，对我国货币流通速度的变动情况进行分析，重点考察电子货币给我国不同层次货币流通速度所带来的影响。一方面是作为互联网金融、电子支付发展这一新经济环境下的货币流通速度稳定性分析，另一方面是作为货币电子化在货币供需方面影响效应的检验。

2.2.4 互联网金融发展、货币电子化对央行货币政策的影响

央行通过调节货币总量和利率水平来实施货币政策以对宏观经济进行调控，前者主要依靠的是基于货币发行权对货币供应量的控制，后者主要依靠的是基于银行间结算市场的主导权对短期利率的控制。衡量货币政策效果从短期来看要判断在央行进行货币政策操作后市场利率和货币供给量有没有产生相应的预期变化，最终效果要看是不是达到了稳物价、促增长、保就业和平衡国际收支等经济目标。有关电子货币是否会影响央行货币政策的问题实际上是一个老问题，只不过现在随着互联网技术及互联网金融的发展、电子支付方式的普及，货币电子化进程得到进一步深化，与此同时，一些互联网金融模式也会对货币金融领域造成一定冲击，因而这种问题又以新的形式出现。

在电子货币发展初期，国外一些学者就对其可能产生的政策性问题提出了诸多建议。早在 1995 年底，十国集团的各国央行就已经开始探讨电子货币可能引发的政策问题。当时主要关注的问题包括：电子货币的安全性问题、影响电子货币发展的因素、伴随电子货币的产生而出现的犯罪问题（如“洗钱”等）、电子货币的监管问题以及一国支付清算系统该如何设计等，也有提及电子货币发展有可能影响货币政策制定以及货币供需。从 1996 年开始，巴塞尔委员会（Basel）对电子货币的发展持续高度关注，并在 1996 年、2000 年、2001 年和 2004 年发布了电子支付发展问题相关研究报告，并初步探讨了电子货币的定义、特征、影响因素以及电子货币发展可能引发的问题和可能的政策应对措施等。这些研究报告为电子货币相关研究奠定了扎实的基础，也起到关键的引导作用，诸多学者正是基于这些报告对电子支付、电子货币进行了更为深入细致的研究。

从之前的文献综述中可以看到，互联网金融发展、货币电子化可能改变货币

需求、货币供给以及货币流通速度，进而对央行货币政策产生一定影响。具体而言，货币电子化造成货币供给的可控性、可测性和抗干扰性下降，从而导致货币供给这一中介目标的作用大大下降，即央行在实施调节货币供给量的政策时会因这些干扰的存在而使其政策效果出现偏差。有关这方面的文献前文已经做了详细的回顾，这里补充两个极端的观点：一个极端的观点认为央行将失去对货币总量的控制，电子货币将扰乱货币供应，并引发全面的金融危机，甚至使货币政策彻底失效（Tanaka，1996）。与之对立的另一个极端的观点认为电子货币从根本上来说与今天存在的所有其他形式的货币没有什么不同，因此，电子货币对货币政策的影响为零（Ely，1996；Neda，2014）。不过 Neda（2014）也指出，尽管目前来看货币电子化对货币政策没有明显影响，考虑到任何创新都需要时间才能被市场接受，未来各国央行和专家需要更密切、更仔细地关注电子货币的发展。

而对于利率这一中介目标而言，Woodford（2000）认为，除非电子货币能够影响央行如何调控短期利率，否则电子货币不会影响央行货币政策的有效性。Freedman（2000）通过详细分析现行银行体系和货币政策运行机制，提出在可预见的未来，电子货币不会取代央行的结算服务，即便是在电子货币提供的支付结算服务可以与央行提供的相关服务相竞争的极端情况下，央行仍然可以影响基准利率，从而对经济进行调控。Berk（2001）深入探讨了电子支付背景下的货币政策传导问题，认为尽管电子支付发展会影响货币政策传导机制，但央行仍然可能实施其货币政策。由 ICT 技术（Information Communication Technology，ICT）驱动的金融创新基本不会对央行隔夜拆借利率调控能力造成严重限制，只要对央行基础货币还存在一点需求，电子支付及电子货币就不会造成严重后果，就算是在电子货币已经全面取代基础货币的情况下，短期利率依然可以由央行操控。Macro 和 Bandiera（2004）认为，增加无现金银行工具的使用可以增强货币政策的有效性，并且认为目前电子货币的使用水平不会对金融体系的稳定构成威胁。Arnone 和 Bandiera（2004）也认为尽管电子支付与电子货币的出现带来了支付结算系统的创新，甚至最终有可能引发央行通货的消失，但这些并不会严重影响支付结算系统中央行所起到的作用。原因主要在于以下两个方面：其一，金融交易速度会在支付结算的技术创新中不断加快，从而提高流动性资源的利用效率；其二，央行调节短期利率从而通过货币政策影响实际经济变量的能力不太可能被支付技术创新所剥夺。Rogoff（2015）还指出，与现金相比，电子货币交易成本更低，是在更大范围内成功实施负利率的可行工具。不过，也存在不同的观点，Nsouli 和 Fullenkamp（2004）构建了一个仿真模型，用以确定电子货币通过利率渠道对货币政策有效性的可能影响，结果表明，央行货币政策的有效性因为电子货币的存在而降低了。

还有一部分学者从微观角度出发，考察互联网金融发展对金融市场及货币政策的影响情况。DeYoung（2005）的研究表明，无物理网点的网络银行之类的互联网金融模式无法从根本上取代传统的金融机构与服务。Berger 和 Gleisner（2009）对数量超过 14000 笔 P2P 贷款进行分析，认为 P2P 模式会促使金融脱媒，明确了网络交易时代下平台的中介职能。Milne 和 Parboteeah（2016）对 P2P 借贷的商业模式进行分析，认为 P2P 平台与银行存款相比，前者可以为贷款人提供更高的利率回报。P2P 模式实际上可以有效补充传统银行业务的不足，但新型中介的出现同时也会加大货币政策的调控难度。Puro 等（2010）对互联网金融信息不对称问题进行了研究，互联网金融平台通过便利供求双方直接交易而降低了信息不对称程度，同时也有效降低了交易成本，资源配置有效性也得到相应提升。但也有研究指出互联网金融缺少有效监管，因此，电子支付以及电子货币的应用与发展加大了货币政策实施中的不确定性（Plassaras，2013；Ali et al.，2014）。

国内对电子货币影响货币政策的相关问题研究相对国外要晚一些，大多集中在 2000 年以后，而且基本是从前面所讲的货币供给、货币需求以及货币流通速度等方面进行研究，例如，蒋少华（2013）等。除此之外，曾刚（2012）从机构与功能两个视角入手对互联网金融对货币政策产生的影响进行研究，发现互联网金融对当前的融资结构改善极为有利，并促进直接融资的发展，但会在一定程度上削弱货币政策的调控能力。邹新月等（2014）认为互联网金融的发展正在改变着金融市场格局，在货币政策调控效率方面，互联网金融的发展也对我国货币政策实施的效应产生了一定的干扰作用。吴佩、姚亚伟、庞涛（2016）则从互联网货币基金入手展开相关研究，发现互联网货币基金收益率与 Shibor 的关系并不显著，因而尽管互联网货币基金发展可有效促进利率市场化，但其冲击作用也不可过分夸大。中国人民银行惠州市中心支行课题组（2016）开展的相关研究得出，互联网金融发展会对社会信用环境以及货币供需产生影响，弱化货币政策中介目标和最终目标的相关性，增强货币政策的随机性和内生性，从而影响货币政策的可控性与准确性。

印文和裴平（2015）通过建立计量模型、构造宏观形势等指标，对 1995~2013 年相关样本数据进行实证检验后发现，货币电子化提高了金融市场效率，使得货币政策的传导更加通畅，进而改进了货币政策的有效性，而且这种改进作用具有即时效应和滞后效应。刘澜飚等（2016）通过研究得出，价格型政策工具的效果借由互联网金融对同业拆借市场的影响而得到提升，但互联网金融所引发的狭义货币乘数变动加剧使数量型政策工具的效果趋弱，这一研究结论得到了杨德勇等（2017）实证结果的支持。方兴和郭子睿（2017）借助时变 TVP-VAR 模型，对第三方支付给货币流通速度及货币政策带来的影响进行研究，发现第三方支付及电子货币的应用与货币流通速度正相关，但其对货币政策的影响存在不确定性，从价格渠道来说，第三方支付削弱了货币政策有效性；从产出渠道来说，第三方支付则增强了货币政策有效性。战明华等（2018）则从货币政策银行信贷渠道出发，选用第三方支付数据作为互联网金融的代理变量，对互联网金融发展在货币政策方面的影响进行了研究。结果表明，互联网金融弱化了货币政策银行信贷渠道，指出货币政策的调整应当具有对金融市场结构的敏感性，而在考虑互联网金融的影响方面，应着重关注互联网金融带来的“鲶鱼效应”，而非互联网金融本身的直接影响。

综上所述，对互联网金融、货币电子化如何影响货币政策的问题，国内外学者进行了广泛的研究，所得结论也是多种多样的，对其影响作用尚未达成一致观点。此外，有关货币电子化在多大程度上影响货币政策有效性的研究较为少见，电子货币影响货币政策的定量分析有所缺失。本书在电子货币影响货币供需的分析基础上，将互联网金融创新、货币电子化因素纳入包括实体经济的总供需分析，然后整合成 IS-LM-BP-AS 模型，对传统模型进行修正。在整合后的模型基础上对互联网金融创新、货币电子化因素在货币政策方面的影响效应进行了分析。除此之外，本书借助随机前沿模型分析货币电子化在多大程度上影响我国货币政策的有效性，即对电子货币影响我国运用货币政策实现宏观经济目标的效率性问题进行实证分析，主要是从产出效应和价格效应两个方面分析货币电子化等因素对货币政策效率性的影响，以期弥补现有文献在研究货币电子化对货币政策影响方面的不足。

2.3 研究启示

自 20 世纪 90 年代网络技术快速发展以来，在增进金融服务可得性、降低金融服务交易成本等方面，互联网的优势逐渐显现出来。借助互联网技术，金融机构开始对传统服务进行改造，金融与互联网技术的融合发展趋势初现端倪。尤其是第三方支付、移动支付、云计算和搜索引擎等技术，从根本上影响了金融业的运营模式。互联网支付、众筹融资、网络信贷、数字货币等名词已经被大众所熟知。互联网金融的快速发展以及货币电子化进程的进一步深化给传统金融机构和货币政策带来了巨大的挑战。不过有关互联网金融、货币电子化影响货币政策的系统性研究尚不多见，本书尝试在这方面做出一点贡献，力图起到抛砖引玉的作用。

通过梳理国内外相关文献，可以发现，不论是国外学者还是国内学者均取得了许多有价值的研究成果，是本书的重要参考并为本书奠定了研究基础。但这些已有的研究仍然存在一些不足之处：首先，在货币电子化方面，已有的文献对电子货币类型的划分较为模糊，或者直接忽视对电子货币的分类，存在界定不清楚的问题；其次，现有关于货币电子化影响货币供需的研究大多都停留在定性描述层面或者实证分析层面，缺乏系统的理论分析与机制分析；最后，在我们有限的学术视野中，尚未看到有文献从全局均衡角度系统分析互联网金融创新、货币电子化对货币政策效应的影响。

鉴于现有研究的不足之处，本书从以下几个方面对现有文献进行丰富和扩展：

第一，界定清楚本书所研究的电子货币范畴，将其与比特币等数字货币（虚拟货币）区分开来，只关注法币电子化的部分，并依据现行的电子货币载体和支付特征，将电子货币明确地划分为基于银行卡的卡基型电子货币和基于互联网的网基型电子货币。在此基础上，分析货币电子化对货币供需的影响效应。在货币需求方面，根据凯恩斯的货币需求理论，可以将微观主体的货币需求分为预防需求、投机需求和交易需求。本书主要从这个经典的货币需求理论出发，将货币电子化因素融入货币需求理论模型中，从预防需求、投机需求和交易需求这三个层面系统分析当前互联网金融、电子支付发展新环境下，不同类型电子货币对货币需求的影响。

第二，以货币电子化对货币需求的影响分析为基础，本书进一步分析电子货币对现金的替代效应在货币供给方面的影响效应。具体来说，主要以我国互联网金融、电子支付发展为背景，以电子货币替代为视角，同样是在本书电子货币分类的前提下，主要从货币乘数和基础货币两个层面，系统分析了银行卡电子货币和第三方支付电子货币这两类电子货币对货币供给的影响效果和影响机制。

第三，国内外有许多关于电子货币如何影响货币流通速度的文献，但尚未形成统一结论，而且除了考虑金融发展、制度因素之外，还考虑到我国产业结构变化的影响。本书结合已有的关于货币流通速度方面的研究成果，综合考虑货币电子化、产业结构变化等影响因素，对我国货币流通速度的变动情况进行分析。重点考察电子货币对不同层次货币流通速度所产生的影响效应，一方面是作为互联网金融、电子支付发展这一新经济环境下的货币流通速度稳定性分析，另一方面是作为货币电子化在货币供需方面影响效应的检验。

第四，在互联网金融创新、货币电子化如何影响货币政策方面，国内外研究结论多种多样，也尚未达成一致观点。此外，有关货币电子化在多大程度上影响货币政策有效性的研究较为少见，缺乏电子货币影响货币政策效率性的定量分析。对此，本书首先将互联网金融创新、货币电子化因素纳入包括实体经济的总供需分析，整合成 IS-LM-BP-AS 模型，在这个模型基础上，从全局均衡的角度探讨货币电子化下的货币政策效应。其中，LM 曲线的构造建立在此前货币电子化对货币需求和货币供给影响效应的分析基础上，而 IS 曲线和 AS 曲线的构建则是融入了对互联网金融中网络信贷、众筹融资、大数据金融等模式的考量。其次，本书运用随机前沿模型，从货币政策的产出效应和价格效应两个方面探讨电子货币等因素对货币政策效率性的影响，以期弥补现有文献在研究货币电子化对货币政策影响方面的不足之处。

3　货币电子化与货币需求：理论分析

本章将从货币需求角度着手进行分析，从理论层面阐明电子货币的存在如何对流通中现金产生替代作用。通过将电子货币明确地划分为银行卡电子货币和第三方支付电子货币，本章分别研究这两类电子货币对货币需求的影响情况。根据凯恩斯的货币需求理论可以将微观主体的货币需求分为预防需求、投机需求和交易需求。其中，交易需求主要基于流动性方面的考虑；投机需求主要基于收益性或者投资报酬方面的考虑；预防需求主要基于规避风险方面的考虑。因此，本章从这三个方面系统研究电子货币对货币需求的影响。其中，在交易需求分析方面，重在强调货币作为交易媒介的作用；在投机需求分析方面，通过将利率设为已知，分析了货币电子化在资产配置中的影响；在预防需求分析方面，将不确定性考虑进来，从风险与收益权衡角度分析了货币电子化对货币需求的影响。总而言之，本章每节的内容安排具有一定的内在关联性，且形成了统一整体。

3.1　引言

对货币需求进行研究历来是宏观经济分析中的重要一环，在以货币供应量作为中介目标的货币政策范式下，对货币需求的变动情况进行考察更是央行制定货币政策、调节货币供给的基本依据。在这样的政策范式下，央行通常都是在其所预测的货币需求总量的基础上对货币供应量目标进行调整，从而实现相应的产出增长、价格稳定等最终目标。近些年来，随着互联网技术的蓬勃发展，电子支付规模不断扩大，作为支付媒介的电子货币已经成为理论界和实务界关注的热点与焦点，有关电子货币对货币需求的影响效应研究层出不穷。以其交易的便捷性和一定的收益性，电子货币正在逐渐取代传统货币，这将对货币需求中原有的变量关系造成影响，增加货币需求的不可预测性，进而增加央行设定合理货币供应量目标的难度。因此，深入研究电子货币对货币需求的影响效应，不仅对货币需求理论的前瞻性探索具有重要的理论意义，而且对提高我国货币政策有效性具有重要的现实意义。

电子货币作为货币形式演变中的最新形式，其对传统货币产生影响甚至逐渐取而代之似乎已经成为一种必然趋势。印文和裴平（2015）指出，作为技术进步的产物，货币电子化看起来似乎只是使得货币形式发生了改变，但实际上，货币形式的这种改变会对货币政策的有效性产生不容忽视的影响。因此，准确把握电子货币对货币供需的影响，对央行制定准确、适度的货币政策具有重大意义。按照凯恩斯提出的观点，可以将微观主体的货币需求分成预防需求、投机需求以及交易需求。本章把电子货币引入货币需求的理论分析框架，通过将其划分为银行卡电子货币和第三方支付电子货币，分别探讨这两类电子货币对这三种货币需求的影响。

从第 2 章相关文献综述中可以看到，在电子货币影响货币需求方面，国内外学者均取得了许多有价值的研究成果，是本书的重要参考和研究基础，但这些已有的研究仍然存在一些不足之处：首先，按照凯恩斯提出的观点，可以将微观主体的货币需求分成预防需求、投机需要以及交易需求。但从经典的货币需求理论角度系统分析电子货币对这三种货币需求影响效果的研究较少，且多集中于其中一种货币需求的分析上。其次，在电子货币对货币需求的影响方面，也少有文献考虑到对电子货币进行分类并讨论不同类型电子货币对货币需求的影响效应，这是容易被忽略的方面却也是重要的方面，因为不同类型的电子货币对货币需求的影响可能大不相同。因此，本章借鉴凯恩斯以及后来学者的研究，从交易需求、投机需求和预防需求这三个方面系统研究不同类型电子货币对货币需求的影响。

3.2 货币电子化对交易性货币需求的影响

这一节的分析主要基于流动性方面的考虑，重点在强调货币作为交易媒介的作用时，货币电子化对其所产生的影响。凯恩斯在其 1936 年的《就业、利息和货币通论》中为货币的交易需求下了这样一个定义：持有现金的一个原因是为了渡过得到收入与进行支出之间的间隔，这种动机的强度主要取决于收入以及得到收入与进行支出之间间隔的长度。

托宾和鲍莫尔分别对交易性货币需求提出了决定性的理论（Baumol，1952；Tobin，1956），称为货币需求的存货模型，该模型推导出的平方根公式为 $M_d=\sqrt{YA/(2i)}$。其中，M_d 为货币交易需求，Y 为交易总额（收入），A 为每次交易的变现成本（转换成本），i 为利率（衡量持有货币的机会成本），从而证明了交易需求与利率、收入之间存在一定的关系，即变现成本（转换成本）A 越多，或者支出 Y 越多，或者利率 i 越低，个人持有的货币就越多。图 3-1 呈现了总成本是如何取决于去银行的次数 N 的。放弃的利息（$iY/2N$）、去银行的成本（$A\cdot N$）以及总成本（$iY/2N+A\cdot N$）取决于去银行的次数 N，存在一个 N 值使得总成本最小化，这个值就是图 3-1 中所标记的 N^*，$N^*=\sqrt{iY/(2A)}$，相应地，可以解出平均货币持有量为 $M_d=\sqrt{YA/(2i)}$。

3.2.1 从机会成本角度分析货币电子化对交易需求的影响

在传统的宏观经济分析中，通常会把资产分为两种：用作交换媒介、价值储藏手段的资产（现金、支票账户等）和只用作价值储藏手段的资产（股票、债

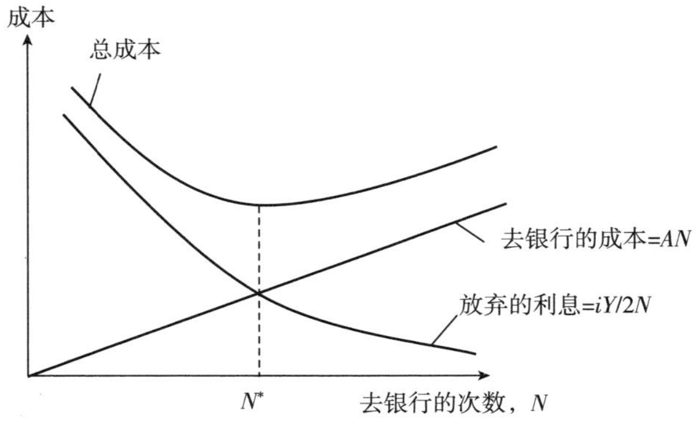

图 3-1　持有货币的成本

券、储蓄账户等)。通常，第一种类型的资产被称为货币资产，第二种类型的资产被称为非货币资产。而现在被广泛使用的电子货币，既是可以便捷交易的交换媒介又是可以获得一定收益的价值储藏手段。在流动性方面，电子货币拥有和现金（通货）一样的流通性；在收益性方面，电子货币的收益率介于活期存款（支票账户）与债券、定期存款（储蓄账户）等资产的收益率之间。为了简化分析，假设最初是以债券的形式得到了收入，且用于购买的全部支出都要用货币支付，而不能用债券支付，这里的货币可以是流通中的现金也可以是各类电子货币。在这部分的分析中，我们首先从机会成本差异角度分析货币电子化对交易性货币需求的影响。假设债券利率为 i_b，电子货币利率为 i_e（$i_e<i_b$），而现金不会带来任何利息收入，则选择使用现金进行交易的机会成本为 i_b，而选择使用电子货币进行交易的机会成本为 i_b-i_e，下面分别进行具体分析。

3. 2. 1. 1　个人完全持有现金进行交易的情况

我们把 Baumol-Tobin 模型解释为通货需求模型，即我们用它来解释银行之外所持有的货币量，实际上，可以更为广义地解释这个模型。设想有一个持有某种由货币资产（现金或电子货币）和非货币资产（债券）构成的资产组合的个人。货币资产可用于交易但只有电子货币具有收益。用符号 i 代表持有货币资产的机会成本，如上所述，选择使用现金进行交易的机会成本为 i_b，选择使用电子货币进行交易的机会成本为 i_b-i_e，用符号 A 表示把非货币资产转为货币资产的成本，例如损失的时间以及各种手续费等，也可称之为转换成本。因此，Baumol-Tobin 模型描述了个人对货币资产的需求。根据之前的 Baumol-Tobin 模型，个人为交易支付所承担的总成本是放弃的利息（机会成本）和转换成本之和：

总成本=放弃的利息+转换成本

将个人完全持有现金进行交易情况下的总成本记为 C_m，单次转换成本记为 A_m，转换次数记为 N_m，支出记为 Y，则有 $C_m=i_bY/(2N_m)+A_m\cdot N_m$，据此可以求出使成本最小的最优转换次数 N_m^* 和平均货币持有量 M_m^*：

$$N_m^*=\sqrt{(i_bY)/(2A_m)} \tag{3-1}$$

$$M_m^*=Y/(2N_m^*)=\sqrt{YA_m/(2i_b)} \tag{3-2}$$

3.2.1.2 个人完全持有电子货币进行交易的情况

同样，根据之前的 Baumol-Tobin 模型，个人为交易支付所承担的总成本是放弃的利息和转换成本之和：

总成本=放弃的利息+转换成本

将个人完全持有电子货币进行交易情况下的总成本记为 C_e，单次转换成本记为 A_e，转换次数记为 N_e，支出记为 Y，则有 $C_e=(i_b-i_e)Y/(2N_e)+A_e\cdot N_e$，据此同样可以求出使成本最小的最优转换次数 N_e^* 和平均货币持有量 M_e^*：

$$N_e^*=\sqrt{(i_b-i_e)\cdot Y/(2A_e)} \tag{3-3}$$

$$M_e^*=Y/(2N_e^*)=\sqrt{YA_e/2(i_b-i_e)} \tag{3-4}$$

这里为了简化分析并得到明确的结论，假设不论债券是转换成现金还是电子货币，每次转换的手续费(转换成本)为相同的 A，即 $A_m=A_e=A$，则个人完全持有现金进行交易的平均货币资产持有量 M_m^* 和个人完全持有电子货币进行交易的平均货币资产持有量 M_e^* 分别为：

$$M_m^*=\sqrt{YA_m/(2i_b)}=\sqrt{YA/(2i_b)} \tag{3-5}$$

$$M_e^*=\sqrt{YA_e/2(i_b-i_e)}=\sqrt{YA/2(i_b-i_e)} \tag{3-6}$$

从式(3-5)和式(3-6)可以看出，在只考虑机会成本差异的情况下，对比这两种不同的货币资产持有量可以发现：第一，持有现金和持有电子货币的交易性货币需求与债券利率 i_b 负相关，与每次转换的固定成本 A（假设这种成本不取决于转换所涉及的债券数量）正相关；第二，在上一部分中，我们指出将电子货币分为银行卡类电子货币和第三方支付类电子货币（后者常与余额宝等货币市场共同基金绑定），若为前者，则 $i_e=0$，此时的电子货币与现金无差异，两者具有相同的机会成本，电子货币对现金的交易需求替代情况取决于个人偏好和支付习惯等外生因素（假设网络基础设施建设完备）。若为后者，则 $i_e>0$，此时的电子货币相对现金而言具有收益性，因此，持有现金作为交易货币的机会成本要高于持有电子货币作为交易货币的机会成本，此时，电子货币作为交易货币对现金形成完全替代，与现金相比人们更愿意持有电子货币，并且此时持有电子货币的交易性货币需求还将与其利率 i_e 正相关，i_e 越大，则电子货币的机会成本越小，从而对电子货币的持有量也将越大，反之则反是。

3.2.2 从转换成本角度分析货币电子化对交易需求的影响

上一部分侧重于从机会成本角度分析货币电子化对交易性货币需求的影响，为了简化分析并得到明确的结论，假设债券不论是转换成现金还是电子货币，每次转换的手续费（转换成本）为相同的 A，即 $A_m=A_e=A$，但这并不是一个贴合实际的假设。电子支付方式的普及和发展使得消费者一方面能够便捷地进行交易，另一方面还能够方便地实现高流动性资产和高收益性资产间的转换，同时降低了交易成本和变现成本。在这一部分，我们将充分考虑货币电子化进程中转换成本、交易成本的变化情况，从转换成本角度分析货币电子化对交易性货币需求的影响。基本思想是在模型中引入转换成本变量，考察货币电子化进程中转换成本的变化如何影响消费者的货币需求。图 3-2 呈现了从债券到货币的转换周期。

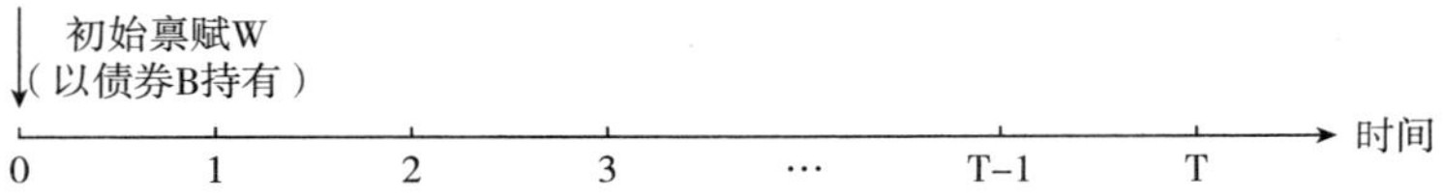

图 3-2 从债券到货币的转换周期

把货币引入模型的方法有很多，其中内涵货币效用模型（Money-in-utility，MIU）和货币先行模型（Cash-in-advance，CIA）是比较常用的两种。MIU 模型最初是由 Sidrauski（1967）提出的，该模型假设除了消费商品之外，经济人直接持有货币也能获得效用。CIA 模型最初是由 Clower（1967）提出的，这个模型明确了消费品一定要用货币进行交易，在进行消费时经济人要持有一定的货币。CIA 模型引入货币的方法体现了货币作为交换媒介的功能，它只关注对货币的交易需求，而且是我们研究的最简单的货币需求理论模型（Clower，1967；Lucas，1980），其假定所有的商品和服务在购买时必须以现金全额支付。由于在 CIA 模型中，对货币的需求完全是出于交易目的，因此，这里选用 CIA 模型来进行分析，所构建的模型思路主要源于 Romer（1986），不同于 Baumol-Tobin 货币需求库存理论从成本角度出发，这里的模型是从消费者效用最大化角度来进行分析的，这样做的目的在于，第 3. 2. 1 小节从成本角度出发的模型难以同时考察机会成本差异和转换成本差异对交易性货币需求的影响，因此，本小节尝试从效用最大化角度来进行分析，以弥补第 3. 2. 1 小节的不足之处。

如图 3-2 所示，假设消费者在期初（时点 0）获得一个初始禀赋 W，且全部以债券 B 的形式持有，消费者将从第 1 期到第 T 期持续不断地消费直至用尽这笔财富。此外，假设消费者在进行消费时必须用货币进行支付，即假设只有用货币才能购买商品，因此，消费者必须在这 T 期不断地用债券换取货币进行每一期的消费。需要说明的是，消费者为满足交易性需求，可以把债券转换为现金，也可以把债券转换为电子货币，并且转换存在成本，如包括佣金在内的各种手续费和损失的时间等。设定消费者在每一期期初用债券换货币，然后在当期期末用尽所有这一期所转换来的货币量 M_t，Romer（1986）中证明，如果利率严格为正，则个人总是从银行取出恰好足够的钱用来购买，直到下一次取款。其对应的转换成本记为 A_t。所以，消费者必须在考虑到转换成本的情况下决定每一期的消费量以及如何在财富中分配债券和货币。消费者效用最大化模型假定如下：

$$\max_{C_t,\ M_t,\ B_t} \quad U = E_0 \sum_{t=0}^{t=T-1} \beta^t \ln C_t \tag{3-7}$$

$$\text{s. t.}\quad B_t = B_{t-1} - M_t - A_t + i \cdot B_{t-1}$$

$$M_t = P_t C_t \tag{3-8}$$

其中，β 是贴现率，C_t 和 A_t 分别表示第 t 期的消费量和转换成本。B_t、M_t、P_t、i 分别表示第 t 期的债券量、货币量、价格水平和债券利率。A_t 表示第 t 期的转换成本。对消费者任意时期所受到的预算约束条件的解释如下：

如前所述，在第 1 期期初（时点 0），消费者得到初始禀赋 W，全部以债券 B 形式持有，即 $W=B$。为了进行第 1 期的消费，在时点 0 将部分债券转换为货币 M_0，但这种转换有损耗，即存在转换成本 A_0。因此，在时点 0 处，$B_0 = B - M_0 - A_0$，其中，转换来的货币 M_0 全部用于消费，即 $M_0 = P_0 C_0$。

在第 2 期期初（时点 1），消费者将 M_0 用尽，需要再次转换债券为货币以满足第 2 期的消费需要。在时点 1 又将部分债券转换为货币 M_1，相应的转换成本为 A_1。因此，在时点 1 处，$B_1 = B_0 - M_1 - A_1 + i \cdot B_0$，其中，$M_1 = P_1 C_1$。

在第 3 期期初（时点 2），消费者将 M_1 用尽，需要再次转换债券为货币以满足第 3 期的消费需要。在时点 2 又将部分债券转换为货币 M_2，相应的转换成本为 A_2。因此，在时点 2 处，$B_2 = B_1 - M_2 - A_2 + i \cdot B_1$，其中，$M_2 = P_2 C_2$。

以此类推，在第 T 期期初（时点 $T-1$），M_{T-2} 用尽，需要再次转换债券为货币以满足第 T 期的消费需要。在时点 $T-1$ 又将债券转换为货币 M_{T-1}，相应的转换成本为 A_{T-1}。因此，在时点 $T-1$ 处，$B_{T-1} = B_{T-2} - M_{T-1} - A_{T-1} + i \cdot B_{T-2}$，其中，$M_{T-1} = P_{T-1} C_{T-1}$。

所以，在任意时点 t 处，满足 $B_t = B_{t-1} - M_t - A_t + i \cdot B_{t-1}$，并且 $M_t = P_t C_t$，这两个条件构成式（3-8）所示的预算约束条件。

此外，需要注意的是，在时点 $T-1$ 处，债券最后一次转换为货币，即要满足 $B_{T-1} = 0$。因此，$B_{T-1} = B_{T-2} - M_{T-1} - A_{T-1} + i \cdot B_{T-2} = 0$，从而 $B_{T-2} = \frac{1}{1+i}(M_{T-1} + A_{T-1})$。以此类推，可以得到 $B_0 = \frac{1}{(1+i)}(M_1 + A_1) + \frac{1}{(1+i)^2}(M_2 + A_2) + \cdots + \frac{1}{(1+i)^{T-1}}(M_{T-1} + A_{T-1})$。而在时点 0 处，如前所述，等式 $B_0 = B - M_0 - A_0 = W - M_0 - A_0$ 成立，由此

可得：

$$B = W = \sum_{t=0}^{t=T-1} \left(\frac{1}{1+i}\right)^{t} (M_t + A_t) \tag{3-9}$$

现在求解消费者效用最大化模型，构造相应的拉格朗日函数：

$$L = E_0 \sum_{t=0}^{t=T-1} \beta^t \{\ln C_t + \lambda_t[(1+i)B_{t-1} - B_t - M_t - A_t] + \mu_t[M_t - P_t C_t]\} \tag{3-10}$$

对应的一阶优化条件为：

$$\frac{\partial L}{\partial C_t} = \beta^t \left[\frac{1}{C_t} - \mu_t P_t\right] = 0 \tag{3-11}$$

$$\frac{\partial L}{\partial B_t} = -\beta^t \lambda_t + \beta^{t+1} \lambda_{t+1}(1+i) = 0 \tag{3-12}$$

$$\frac{\partial L}{\partial M_t} = \beta^t[-\lambda_t + \mu_t] = 0 \tag{3-13}$$

结合一阶必要条件式(3-11)、式(3-12)和式(3-13)消去 λ 和 μ，得到消费者效用最大化的一阶条件：

$$\frac{M_{t+1}}{M_t} = \beta(1+i) \tag{3-14}$$

设 $A_t = \alpha \cdot [(1+i)B_{t-1} - B_t]$，则 $M_t = [1-\alpha] \cdot [(1+i)B_{t-1} - B_t]$。其中，$\alpha$ 为转换成本所占的比重。由式(3-14)可知下式同样成立：

$$\frac{A_{t+1}}{A_t} = \beta(1+i) \tag{3-15}$$

从式(3-14)和式(3-15)可以得到：

$$M_t = \beta^t (1+i)^t M_0 \tag{3-16}$$

$$A_t = \beta^t (1+i)^t A_0 \tag{3-17}$$

将式(3-16)和式(3-17)代入式(3-9)可以得到：

$$M_0 + A_0 = \frac{1-\beta}{1-\beta^T} W = \frac{1-\beta}{1-\beta^T} B \tag{3-18}$$

又因为在第 1 期期初(时点 0)处，$A_0 = \alpha \cdot [B - B_0]$，$M_0 = [1-\alpha] \cdot [B - B_0]$，

结合式(3-18)，我们可以确定 A_0 和 M_0 分别为：

$$A_0=\alpha\frac{1-\beta}{1-\beta^T}W=\alpha\frac{1-\beta}{1-\beta^T}B \tag{3-19}$$

$$M_0=[1-\alpha]\frac{1-\beta}{1-\beta^T}W=[1-\alpha]\frac{1-\beta}{1-\beta^T}B \tag{3-20}$$

从式（3-16）可以看出，初始 M_0 的确定同时也将确定任意时点 t 处的 M_t。把债券转换为现金的转换成本记为 A_m，对应转换成本所占比重记为 α_m；把债券转换为电子货币的转换成本记为 A_e，对应转换成本所占比重记为 α_e。如前所述，电子支付方式的普及和发展能够同时降低支付的交易成本和货币转化的变现成本（转换成本），因此，$A_m>A_e$，$\alpha_m>\alpha_e$。根据式(3-16)和式(3-20)可知，在任意时点 t 处，把债券转换成电子货币要比把债券转换成现金获得更多的交易资产，因而，不论是银行卡电子货币还是第三方支付电子货币，其作为交易货币都将对现金形成完全替代。转换成本的降低，使得与现金相比，人们更愿意持有电子货币。

3.3 货币电子化对投机性货币需求的影响

上一节主要考察货币电子化对货币作为交易媒介的影响，本节将基于投资报酬方面的考虑，通过将预期利率设为已知，分析在资产配置中货币电子化的影响。下一节将放松预期利率为已知这条设定，把不确定性考虑进来，从风险与收益权衡角度分析货币电子化对货币需求的影响。在《就业、利息和货币通论》中凯恩斯用他的一个著名论述概括了关于投机动机的分析，这段论述是：相信现在市场上利率低于未来利率的人，有动机持有流动的现金，而不是持有债券，反之则反是。换句话说，投机动机是“想要”通过对未来市场情况更好地了解得到利润。

下面将详细分析电子货币的出现对投机性货币需求的影响。假设可以用于投机目的(即不用于交易或预防目的)的名义财产总量为 W。个人可以以现金(M_m)、电子货币(M_e)和债券(B)等形式来持有这些财产，债券的名义价值是 B/i。在做决策时债券的现期利率是 i_1。一旦做出了持有一个固定比例的债券资产和货币资产的决定，这种比例就会在某个时期内(如1年)不变。现在可以确定地预期年底的利率是 i_2^e，为了简单起见，假设这种预期并不取决于现期利率 i_1。货币资产的投机需求取决于 i_1 和 i_2^e 之间的关系：对于投资于债券的每一块钱，个人预期在一年内肯定能赚到 i_1 的利息，再加上资本收益(Capital Gain，记作 CG。如果 $CG<0$，则是损失)，它的多少取决于 i_1 和 i_2^e 之间的关系。债券的资本收益可以用下式来衡量：

$$CG=\text{预期的债券价格}-\text{现期债券价格} \tag{3-21}$$

所投资于债券的每一块钱，其资本收益率可以表述为：

$$g=CG/\text{现期债券价格}=(1/i_2^e-1/i_1)/(1/i_1)=i_1/i_2^e-1 \tag{3-22}$$

通过购买并持有价值一块钱的债券，个人确定预期在年底时能赚到（i_1+g）。为简化起见，在分析货币的投机性需求时，假定个人在货币资产部分或完全持有现金或完全持有电子货币。

3.3.1 财产在债券和现金之间的分配

首先分析财产在债券和现金之间的分配的情形。因为个人根据假设预期持有现金所赚到的钱是零，所以，如果他预期持有债券能得到净收益（即 $i_1+g>0$），那么这个以利润最大化为目的的人就会以债券形式持有他的全部财产，如果他预期持有债券会得到净损失（即 $i_1+g<0$），他就会以现金形式持有他的全部财产。因为假设预期利率 i_2^e 不受现期利率 i_1 的影响（i_2^e 是固定的），所以，i_1 存在一个临界值，在 i_1 为该值时预期的债券净收益为零（$i_1+g=0$）。因为价值一块钱债券的资本收益是 $g=i_1/i_2^e-1$，所以可以通过令（i_1/i_2^e-1）$+i_1=0$ 解出 i_1 的这个临界值，将其记作 i^*，通过简单运算可得：

$$i^{*}=i_2^e/(1+i_2^e) \tag{3-23}$$

图 3-3 中的阶梯形加粗线条可以表示个人的货币投机需求，可以看出，当 $i_1>i^{*}$ 时，个人将预期有资本净收益(因为如果 $i_1>i^{*}$，则 $i_1+g>0$)，那么个人以现金形式持有所有财产的比例为零(即 $M_m/W=0$)，个人将只持有债券；当 $i_1<i^{*}$ 时，个人将预期有资本净损失(因为如果 $i_1<i^{*}$，则 $i_1+g<0$)，此时个人以现金形式持有财产的比例为 1(即 $M_m/W=1$)，个人将只持有现金；而当 $i_1=i^{*}$ 时，个人愿意以现金形式持有任意比例的财产，因为在这种利率下，债券和现金同样不能带来净收益。

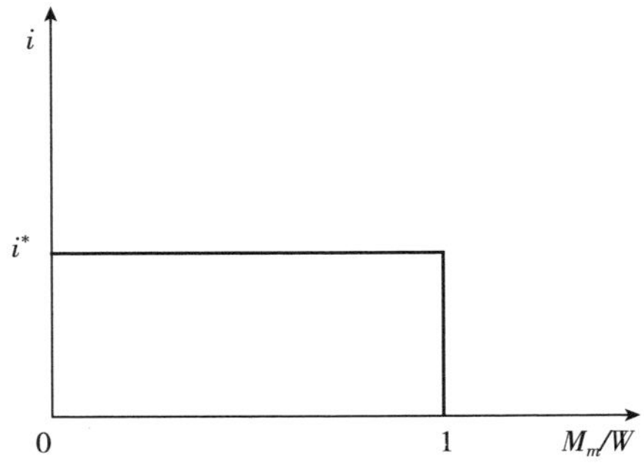

图 3-3　个人的货币投机需求

3.3.2　财产在债券和电子货币之间的分配

上一小节分析了财产在债券和现金之间分配的情形下，货币电子化在当中所产生的影响效应，本小节将分析财产在债券和电子货币之间进行分配的情形。此时个人预期持有电子货币所赚到的钱是 i_e，如果他预期持有债券能得到的净收益大于持有电子货币赚到的利息（即 $i_1+g>i_e$），则这个以利润最大化为目的的人就会以债券形式持有他的全部财产，如果他预期持有债券得到的净收益小于持有电子货币赚到的利息（即 $i_1+g<i_e$），那么他就会以电子货币形式持有他的全部财产。因为假设预期利率 i_2^e 不受现期利率 i_1 的影响（i_2^e 是固定的），所以 i_1 同样存

在某种临界值，在 i_1 为该值时预期的债券净收益等于持有电子货币赚到的利息（$i_1+g=i_e$）。因为价值一块钱债券的资本收益是 $g=i_1/i_2^e-1$，可以通过令（i_1/i_2^e-1）$+i_1=i_e$ 解出 i_1 的这个临界值，将其记作 i^{**}，类似地，通过简单运算可得：

$$i^{**}=i_2^e\cdot(1+i_e)/(1+i_2^e) \tag{3-24}$$

因此，当 $i_1>i^{**}$ 时，个人预期债券的资本净收益大于电子货币的利息收益（因为如果 $i_1>i^{**}$，则 $i_1+g>i_e$），那么个人以电子货币形式持有财产的比例为零（即 $M_e/W=0$），个人将只持有债券；当 $i_1<i^{**}$ 时，个人预期债券的资本净收益小于电子货币的利息收益（因为如果 $i_1<i^{**}$，则 $i_1+g<i_e$），此时个人以电子货币形式持有财产的比例为 1（即 $M_e/W=1$），个人将只持有电子货币；而当 $i_1=i^{**}$ 时，个人愿意以电子货币形式持有任意比例的财产，因为在这种利率下，债券和电子货币带来的收益相同。实际上，若电子货币为银行卡电子货币时，电子货币与现金在收益上没有差别（即 $i_e=i_m=0$），此时两种情形下债券的现期利率临界值是相同的，即 $i^*=i^{**}=i_2^e/(1+i_2^e)$。这类电子货币对现金投机性需求的替代取决于个人偏好和支付习惯等外生因素（假设网络基础设施建设完备）。若电子货币为第三方支付电子货币，其与现金有同样的风险特征但却比现金有更高的收益，$i_e>0$ 且 $i_e<i_b$，这类电子货币会对现金的投机需求形成完全替代。

3.4 货币电子化对预防性货币需求的影响

上一节假设在决策时点可以确定地预期未来利率，从而将风险因素忽略掉。在本节的预防性需求分析部分，放松预期利率为已知的设定，将不确定性因素考虑进来，从风险与收益权衡角度分析货币电子化对货币需求的影响。预防性货币需求的本质是未来的不确定性。我们可以回到之前说明货币投机需求时所用的情景上，但是假设现在对于未来利率的预期 i_2^e 并不能确定。个人相信，在 1 年之内利率可能下降也可能上升，因为个人并不能确定地知道会出现哪种情况，所以债券的收益是有风险的。这样个人就有某种持有货币资产的刺激，因为虽然持有货币不会赚到利润，但也不会引起风险。这种持有货币资产的刺激将取决于现期利率，因为这种利率越高，债券的收益就越多，这就可以部分地补偿债券的风险。这是凯恩斯在其 1936 年的《就业、利息和货币通论》中提出以下看法的基础：如果在 n 年到期之前就需要流动性现金可以进行兑换，那么与持有现金相比，购买长期债券后又把这些债券变成现金就会引起损失的风险。实际利润或根据现有概率计算出来收益的数学期望必须足以补偿可能产生的风险。所以，用凯恩斯的话来说，“预防动机，即想要保障一部分总资源的未来现金价值”。Tobin（1958）提出的回避风险的货币需求模型可以作为上述凯恩斯预防需求理论最初表述的精密化。

与投机模型和交易模型不同，在这个模型中资产组合的风险是正的，而且会随着货币比例的变动而变动。为简化起见，我们设定货币资产中现金的收益确定为零而电子货币收益确定为 i_e，但是只有在一种债券收益概率分布的意义上而言，每一块钱债券的收益（$R_B=i_1+g$）才是可以预先估计的。在托宾的模型中，假设这种概率分布的中值等于现期利率，即 $\mu_B=i_1$。换而言之，假设资本收益或损失的数学期望值为零。虽然个人认为，利率可能会变动，而且也会出现资本的收益或损失，但收益的概率和损失的概率都同样大，因此 $\mu_B=\mu_{i_1}+\mu_g=\mu_{i_1}+0=i_1$。持有债券的风险用债券收益概率分布的标准误差数 σ_B 来衡量。因为债券的收益是有风险的，而货币资产的收益无风险，所以整个资产组合中货币的比例 M/W 越小，整个资产收益的风险 σ_W 将越大。资产收益的预期值 μ_W 与它的风险一样，也是随着货币资产所占比例的减少而增加。依照前文一贯做法，我们还是通过先分析财产在债券和现金之间的分配情形再分析财产在债券和电子货币之间的分配情形，进而考察电子货币对预防性货币需求的影响。

3.4.1 财产在债券和现金之间的分配

首先，分析财产在债券和现金之间的分配情形。这里我们用中值 μ 衡量收益，用标准差 σ 衡量风险。不过值得一提的是，对任何一种有特定收益概率分布的资产组合来说，中值和标准误差数并不是收益与风险的唯一可能的衡量。用 $(\mu_{M_m}, \sigma_{M_m})$ 来表示现金收益的概率分布（根据设定，这个概率分布是 $(0, 0)$），用 (μ_B, σ_B) 来表示债券收益的概率分布（根据设定，这个概率分布是 (i_1, σ_B)）。选择现金与债券的不同组合也就是个人选择不同的资产组合。这些资产组合中的每一种都有一个收益的概率分布 (μ, σ)，这个收益概率分布的中值和标准误差数取决于现金与债券收益的概率分布以及在资产组合中现金与债券所占的比例。当这些资产组合中每一种资产组合的收益概率分布既定时，最优化的任务就是个人要选择能够带来 (μ, σ) 最大化的现金与债券的组合——要选取从想要得到最高收益 μ 和最小风险 σ 的观点来看最优的资产组合。

假设资产组合中现金所占的比例为 α，债券所占的比例为 β，即 $M_m/W=\alpha$，$B/W=\beta$，$\alpha+\beta=1$。将债券和现金构成的复合资产记为 X，其收益中值为 μ_X，其风险为 σ_X，则可以计算出复合资产 X 的中值 μ_X 为：

$$\mu_X=E(R_X)=\alpha E(R_{M_m})+\beta E(R_B)=\alpha\mu_{M_m}+\beta\mu_B=\beta\cdot i_1 \tag{3-25}$$

同时也可以计算出复合资产 X 的风险 σ_X，首先计算其方差：

$$\sigma_X^2=E[\alpha(R_{M_m}-\mu_{M_m})+\beta(R_B-\mu_B)]^2 \tag{3-26}$$

可以把这个式子扩大为：

$$\sigma_X^2=\alpha^2E(R_{M_m}-\mu_{M_m})^2+\beta^2E(R_B-\mu_B)^2+2\alpha\beta E[(R_{M_m}-\mu_{M_m})(R_B-\mu_B)] \tag{3-27}$$

前两项预期值分别是现金和债券的方差，因此，可以写出（其中，ρ_{M_mB} 是现金和债券之间的相关系数）：

$$\sigma_X^2=\alpha^2\sigma_{M_m}^2+\beta^2\sigma_B^2+2\alpha\beta\rho_{M_mB}\sigma_{M_m}\sigma_B=\beta^2\sigma_B^2 \tag{3-28}$$

所以，以标准误差数度量的复合资产 X 的风险为 $\sigma_X=\beta\cdot\sigma_B$，即复合资产 X 收益的概率分布为 $(\beta i_1, \beta\sigma_B)$。

那么复合资产 X 中现金与债券的最优比例应该是多少？图 3-4 中的切点 E 给出了答案。下面就来求解 E 点处最优资产组合中的 α 值和 β 值。

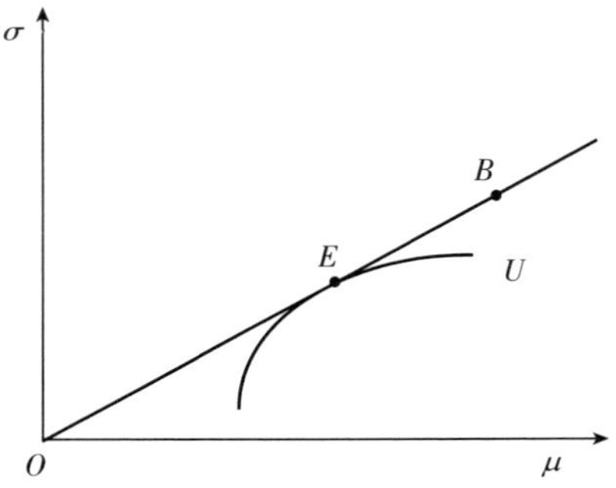

图 3-4　均衡点 *E* 的确定

图 3-4 中 *B* 点表示用债券持有全部资产时所得出的 μ 和 σ 的结合，其值为（i_1，σ_B），*O* 点（图中的原点）为以现金形式持有全部资产时所得出的 μ 和 σ 的结合，其值为（0，0）。可以看出，任何一种现金与债券的组合都会改变直线 *OB* 上的 μ 和 σ 的结合，随着资产组合中债券比例的增加，复合资产的 μ 和 σ 也会同比例增加。如图 3-4 所示，*OB* 线与无差异曲线 *U* 相切之点 *E* 代表了现金与债券的最优组合。

可以把图 3-4 中的无差异曲线看成既定效用等于 *U*（μ，σ）时不变效用的轨迹。冯·纽曼和摩根斯坦（von Neumann and Morgenstern，1947）为了分析在每种选择中得到的好处都不确定时的选择，提出了 N-M 效用理论。假定 N-M 效用函数是一个如式（3-29）所示的二次方程，个人决策的规律是使效用的预期值最大化，即使 *E*（*U*）最大化，我们就可以把图 3-4 中的无差异曲线看成既是效用等于 *U*（μ，σ）时不变效用的轨迹，又是 N-M 效用的不变预期值的轨迹：

$$U=aR+bR^2 \quad (b<0) \tag{3-29}$$

式(3-29)中 $b<0$ 是一个回避风险之人的 N-M 平方效用函数的特征。首先可以说明，遵循这种决策规律的人只把资产组合收益概率分布的中值 μ 和标准误差数 σ 联系在一起。把 *a* 和 *b* 作为参数，式(3-29)的效用期望值为：

$$E(U)=aE(R)+bE(R^2) \tag{3-30}$$

现在 $E(R)$ 是 *R* 概率分布的中值，也就是 μ。可以通过增加与减去 μ 来扩大式(3-30)中的$E(R^2)$，因此，可以把式(3-30)进一步改写为：

$$E(U)=a\mu+bE\{[(R-\mu)+\mu]^2\} \tag{3-31}$$

把括号中的各项进行平方，得出：

$$E(U)=a\mu+bE\{(R-\mu)^2+2\mu(R-\mu)+\mu^2\} \tag{3-32}$$

现在再把变量x的预期值集中在一起，就是它的概率分布的中值，即$E(x)=\sum P^i x^i$，这里P^i是概率数。运用这个定义可以把式(3-32)简化为：

$$E(U)=a\mu+b\sum P^i(R^i-\mu)^2+b2\mu\sum P^i(R^i-\mu)+b\mu^2 \tag{3-33}$$

这样就可以进一步简化该式。$\sum P^i(R^i-\mu)^2$项和概率分布的方差(概率分布的标准误差数的平方)σ^2是相同的。$\sum P^i(R^i-\mu)$项等于零，因为$\sum P^iR^i=\mu$，而$\sum P^i\mu=\mu$。所以最后可以把式(3-33)写成：

$$E(U)=a\mu+b\sigma^2+b\mu^2 \tag{3-34}$$

这样就说明，如果N-M效用函数是二次方程式，则效用的任何一个既定的预期值只是中值μ和标准误差数σ的函数。因此，如果所用的无差异曲线代表了N-M效用的不变预期水平，则其方程式就是：

$$\overline{U}=a\mu+b\sigma^2+b\mu^2 \tag{3-35}$$

对式(3-35)进行全微分，可得无差异曲线的切线斜率，具体过程如下：

$$d\overline{U}=a\cdot d\mu+2b\sigma\cdot d\sigma+2b\mu\cdot d\mu=0 \tag{3-36}$$

整理各项即得$d\mu/d\sigma=-2b\sigma/(a+2b\mu)$。现在我们用反推的方法来求解资产组合中现金与债券的最优比例α^*和β^*。图3-4中的E点为$(\beta i_1, \beta\sigma_B)$，是无差异曲线$U$与$OB$线的切点，所以，有如下等式成立：

$$\left[\frac{d\mu}{d\sigma}\Big|_E=\frac{-2b\beta\sigma_B}{a+2b\beta i_1}\right]=\left[\frac{1}{k_{OB}}=\frac{i_1}{\sigma_B}\right] \tag{3-37}$$

等式左边为无差异曲线切线斜率的倒数，等式右边为OB线斜率的倒数，左右两式相等表示图3-4中的切点E。在E这一点上，个人达到了资产组合的最优化，即给定资产组合中每一种资产组合的收益概率分布，E点对应的资产组合具有最高收益和最小风险，进而从式(3-37)可以推导出资产组合中债券所占的最优比例为$\beta^*=-ai_1/[2b(\sigma_B^2+i_1^2)]$，相应地，资产组合中现金所占的最优比例为

$1-\beta^*$。可以看出，资产组合中债券和电子货币的最优占比与债券的风险和收益有关，在债券收益给定的情况下，债券的风险越大，资产组合中债券所占的比重越小，反之则反是；在债券风险给定的情况下，债券收益大小对资产组合中债券所占比重的影响则无法直接判断，要视具体情况而定。

3.4.2 财产在债券和电子货币之间的分配

其次，分析财产在债券和电子货币之间的分配情形。我们依然用(μ_B, σ_B)来表示债券收益的概率分布（根据我们的设定，这个概率分布是(i_1, σ_B)），用$(\mu_{M_e}, \sigma_{M_e})$来表示电子货币收益的概率分布，与现金收益概率分布的中值为零所不同的是，我们设定电子货币收益的概率分布的中值为 i_e。假设资产组合中电子货币所占的比例为 α'，债券所占的比例为 β'，即 $M_e/W=\alpha'$，$B/W=\beta'$，$\alpha'+\beta'=1$。将债券和电子货币构成的复合资产记为 X'，其收益中值为 $\mu_{X'}$，其风险为 $\sigma_{X'}$。同理可以计算出复合资产 X'的中值 $\mu_{X'}$和风险 $\sigma_{X'}$分别为：

$$\mu_{X'}=E(R_{X'})=\alpha'E(R_{M_e})+\beta'E(R_B)=\alpha'\mu_{M_e}+\beta'\mu_B=\alpha'\cdot i_e+\beta'\cdot i_1 \quad (3-38)$$

$$\sigma_{X'}=\sqrt{\sigma_{X'}^2}=\sqrt{\alpha'^2\sigma_{M_e}^2+\beta'^2\sigma_B^2+2\alpha'\beta'\rho_{M_eB}\sigma_{M_e}\sigma_B}=\sqrt{\beta'^2\sigma_B^2}=\beta'\sigma_B \quad (3-39)$$

所以，复合资产 X'收益的概率分布为（$\alpha'\cdot i_e+\beta'\cdot i_1$，$\beta'\sigma_B$）。

那么这种情形下的复合资产 X'中电子货币与债券的最优比例应该是多少？图 3-5 中的切点 E'给出了答案。下面我们就来求解 E'点处最优资产组合中的 α'值和 β'值。同样，图 3-5 中 B 点表示用债券持有全部资产时所得出的 μ 和 σ 的结合，其值为（i_1，σ_B），O'点（不再是图中的原点位置，而是横轴上距离原点为 i_e 的一点）为以电子货币形式持有全部资产时所得出的 μ 和 σ 的结合，其值为（i_e，0）。$O'B$ 线与无差异曲线 U'相切之点 E'代表了电子货币与债券的最优组合。

同样地，我们用反推的方法来求解资产组合 X'中电子货币与债券的最优比例 α'^*和 β'^*。图 3-5 中的 E'点为$(\alpha'\cdot i_e+\beta'\cdot i_1, \beta'\sigma_B)$，是无差异曲线 U'与 $O'B$ 线的切点，所以有如下等式成立：

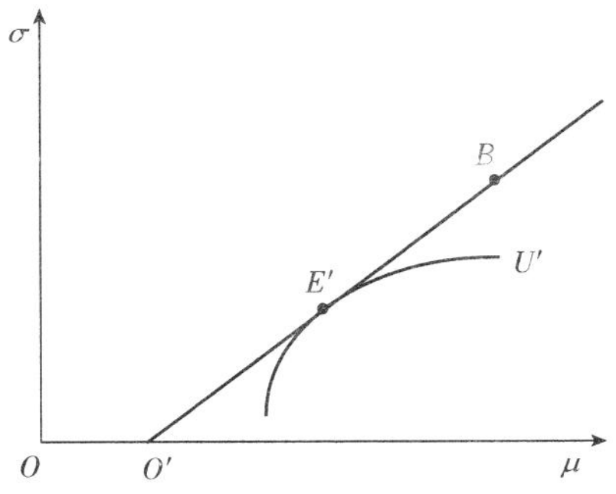

图 3-5　均衡点 E' 的确定

$$\left[\frac{d\mu}{d\sigma}\Big|_{E'}=\frac{-2b\beta'\sigma_B}{a+2b(\alpha' i_e+\beta' i_1)}\right]=\left[\frac{1}{k_{O'B}}=\frac{i_1-i_e}{\sigma_B}\right] \tag{3-40}$$

同样，等式左边为无差异曲线斜率的倒数，等式右边为 $O'B$ 线斜率的倒数，左右两式相等表示图中的切点 E'，在这一点，个人达到了资产组合的最优化，即 E' 点对应的资产组合具有最高收益和最小风险，进而从式（3-40）可以推导出资产组合中债券所占的最优比例为 $\beta'^*=-(i_1-i_e)(a-2bi_e)/[2b(\sigma_B^2+i_1^2-i_e^2)]$，相应地，资产组合中电子货币所占的最优比例为 $1-\beta'^*$。可以看出，此时资产组合中债券和电子货币的最优占比不只与债券的风险和收益有关，还与电子货币的收益有关。

若电子货币为银行卡电子货币，则其与现金在收益和风险上均无差别，电子货币对预防性现金需求的替代程度取决于个人偏好和支付习惯等外生因素（假设网络基础设施建设完备）。但若电子货币为第三方支付电子货币，则其与现金有同样的风险特征却能赚到较高的利息（$i_e>0$），此时，电子货币与债券的资产组合能够带来更高的效用水平，因此，第三方支付电子货币能够对预防性现金需求产生完全替代，与现金相比，人们更愿意持有电子货币。为了更加直观地说明这一点，我们将两种情形下的个人决策集中在同一张图中，如图 3-6 所示：

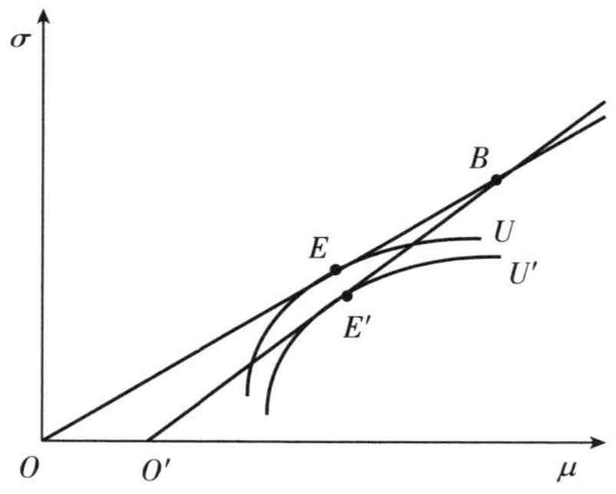

图 3-6　均衡点的确定

从图 3-6 中可以看到，U'代表的是比 U 更高的效用水平，因此，具有正收益的电子货币（第三方支付电子货币）与债券组成的资产组合所能达到的效用水平，总是高于现金与债券组成的资产组合。有关电子货币替代对预防性货币需求影响效应的研究中，王潇颖和冯科（2011）以及周光友和施怡波（2015）主要是在 Whalen（1966）的模型框架下分析了电子货币对预防性货币需求的影响，其着眼点在于预防性货币需求是为了应对未来收入的不确定性。Whalen（1966）通过在交易需求模型中加入"惩罚"成本，形成了关于货币预防性需求的三次方模型，其表达式为 $M_d=(2\alpha\beta)^{1/3}i^{-1/3}Y^{1/3}$，虽然这种分析模式能够说明预防性货币需求将同时取决于利率和收入因素，但是在这种分析模式下，并不能给出不同类型电子货币对预防性需求的不同替代效应的说明，这一点从王潇颖和冯科（2011）以及周光友和施怡波（2015）的分析结果中也可以看出。此外，由于周光友和施怡波（2015）在模型中没有考虑到电子货币能够降低转化成本这一重要特征而使其模型有所欠缺。

总的来说，从以上货币电子化对交易、投机、预防三类货币需求的影响来看，不论是何种类型的电子货币，其存在必然会对微观主体的现金需求产生替代作用，也会影响货币需求中原有的变量关系，增加货币需求的不可预测性。如果用 E 表示互联网金融发展及货币电子化程度，根据本章有关货币电子化对货币需求影响情况的相关分析，一个简单的货币需求函数可以设定为：

$$M^d = P \cdot L(Y,\ i,\ E) \tag{3-41}$$

式（3-41）中的 Y 是产出（收入），i 是利率，P 是价格。L（Y，i，E）的值会随着利率 i 的上升而减少，随着产出（收入）Y 的上升而增加，随着货币电子化程度 E 的上升而减少。货币需求函数式（3-41）的对数线性化形式如下：

$$m^d = p + \alpha \cdot y - \beta \cdot i - \gamma \cdot e \tag{3-42}$$

其中，$\alpha>0$ 为货币需求的收入弹性，$-\beta<0$ 为货币需求的利率半弹性，$-\gamma<0$ 反映了货币需求与货币电子化程度之间的负向关系。这里所构造的这个包含货币电子化因素的简单货币需求函数形式，构成了第 6 章 LM 曲线函数形式的基础，本书将在第 6 章的相关部分对此进行进一步的分析说明。

3.5 本章小结

在当前我国主要以货币供应量作为货币政策中介目标的情况下，预测货币需求总量是央行调控货币供应量并最终实现产出增长、保持物价稳定等目标的基础，而电子货币的出现无疑对我国央行的这一政策操作范式提出了巨大挑战。本章在我国互联网金融、电子支付技术不断发展的背景下，通过将电子货币明确地划分为银行卡电子货币和第三方支付电子货币，把电子货币纳入凯恩斯货币需求理论分析中，从交易需求、投机需求、预防需求三个方面，系统分析了这两种不同类型电子货币对货币需求的影响效应。结果表明，不论是预防需求、投机需求还是交易需求，银行卡电子货币对现金的替代都是不完全的，在网络基础设施建设完备的条件下，替代程度取决于个人偏好和支付习惯等其他外生因素，而第三方支付电子货币能够对现金产生完全替代。总的来说，不论是何种类型的电子货币，其出现和存在必然会对微观主体的现金需求产生替代作用，影响货币需求中原有的变量关系，增加货币需求的不可预测性。

4　电子货币替代效应与货币供给：机制分析

第3章主要从理论层面分析了货币电子化对货币需求的影响，指出电子货币的存在会对现金产生替代作用，减少公众对央行通货的需求。本章主要是在此分析的基础上，从电子货币对现金的这一替代效应出发，同样将电子货币划分为银行卡电子货币与第三方支付电子货币，在货币乘数和基础货币两个层面上，分别研究这两类电子货币对货币供给的影响效果与影响机制。

4.1　引言

20世纪90年代，互联网技术迅速走向普及化，作为互联网应用最大热点之一的电子商务在这一阶段发展起来，随后传统金融机构与各类互联网企业利用互联网技术和信息通信技术实现资金融通、支付、投资和信息中介服务。第三方支付、移动支付等电子支付开始发展壮大，而作为支付媒介的电子货币也随之再次迅猛发展，电子货币在改变人们持有金融资产形式和结构的同时，对货币供需也产生了较大冲击。对货币需求方面的冲击主要体现在电子货币对流通中现金的替代作用上，造成公众对现金的需求减少，改变了货币需求中原有的变量关系，增加货币需求的不可预测性。本书第 3 章主要从凯恩斯货币需求理论出发，从交易需求、投机需求、预防需求三个方面系统分析货币电子化对货币需求的影响效应。而在货币供给方面的作用主要体现在电子货币对现金的这一替代效应对货币乘数、基础货币的影响上。本章将主要对此进行分析，从货币乘数和基础货币两个层面，详细论述电子货币替代效应对货币供给的影响效果与影响机制。

在现代货币理论中，货币供应量是由央行投放的基础货币按照银行体系的货币乘数放大后决定的，因此，货币供应量大小取决于基础货币和货币乘数两个因素。近年来，互联网金融的发展尤其是第三方支付与移动支付模式的发展，使得电子货币对流通中现金的替代规模不断扩大，借由改变货币乘数和基础货币，影响央行对货币供给量的控制力，使我国央行历来所倚重的数量型货币政策面临前所未有的挑战。从现有的相关文献来看，电子货币对货币供给的影响受到了广泛的关注，并且取得了一定的研究成果，为本书奠定了研究基础。不过，由于电子货币仍然处于发展阶段，对其进行的研究还有许多不足，研究结论仍有争议。再者，已有的文献对电子货币类型的划分也较为模糊，有些直接忽视电子货币的分类，有些将电子货币和虚拟货币混为一谈，存在界定不清楚的问题。此外，现有研究多为实证分析，关于货币电子化如何影响货币供给的机制分析则相对缺乏。总体而言，有关电子货币对货币供给的影响仍然缺乏深入细致的系统性研究。本章主要以现有的研究为基础，在本书电子货币分类基础上，分别研究不同类型的电子货币对现金的替代效应在货币供给方面的影响机制和影响效果。

4.2 电子货币替代与总体视角下的货币供给创造机制

4.2.1 电子货币对流通中现金的替代

这部分首先分析电子货币替代效应与总体视角下的货币供给创造机制。从第

3 章的分析可知，电子货币的出现和存在会对微观主体的现金需求产生替代，从而降低公众对现金的需求。此外，与第三方支付绑定的余额宝等互联网货币市场基金的出现则使这类电子货币因其有一定的收益性而更具吸引力，从而进一步降低公众对现金的需求。

将银行体系的存款总量记为 D，公众以现金形式持有的货币记为 C（称之为流通中现金），将流通中现金 C 占存款总量 D 的比例记为 cr，即通货存款比率 C/D 为 cr。将准备金率记为 rr（$0<rr<1$），即银行持有的存款 D 中准备金 R 所占比例 R/D 为 rr，准备金率通常是由管制银行的法律以及银行自身的经营政策所决定的。将基础货币量记为 H，它由央行直接控制，是银行以准备金形式持有的货币 R 和公众以现金形式持有的货币 C 的加总。用代数式直观表述则有：

$$C=cr\cdot D$$

$$R=rr\cdot D$$

$$M=C+D$$

$$H=C+R$$

将货币乘数记为 K，则由 $M=K\cdot H$ 可得：

$$K=M/H=(C+D)/(C+R)=(cr+1)/(cr+rr) \tag{4-1}$$

式（4-1）两边同时对通货存款比率 cr 求导可得：

$$dK/dcr=(rr-1)/(cr+rr)^2 \tag{4-2}$$

由 $0<rr<1$ 及 $(cr+rr)^2>0$ 可知，$(rr-1)/(cr+rr)^2<0$，因而 $dK/dcr<0$。这说明货币乘数 K 会随着通货存款比率 cr 的下降而上升，从而进一步扩大货币供给。本书第 3 章从理论层面分析了电子货币对流通中现金的替代作用，本章将详细阐述电子货币对通货的这一替代效应对货币供给的影响机制。概括而言，电子货币对流通中现金的替代作用会引起通货存款比率的下降，而通货存款比率的下降会增加货币乘数，扩大货币供给量。

4.2.2 总体视角下的货币供给创造机制

我国央行调节货币供给的方式主要是通过公开市场操作控制基础货币的发

放。基础货币是由流通中的现金和银行体系的准备金所构成的，其中，准备金是由银行体系的法定准备金以及超额准备金构成的。银行体系会在监管约束和风险收益的权衡下维持一个稳定的准备金率，进而达到其存贷规模平衡的状态。被电子货币替代的现金会退出流通体系，并进入银行体系，这部分存款进入银行体系后会使银行体系的超额准备金随之增加，进而导致实际准备金率偏离原有的稳定状态，此前处于平衡状态的存贷规模也因此改变。银行体系在此时会对这部分存款提取一定比例的准备金，然后再将剩余现金贷放出去，而贷放出去的现金将再次以存款形式存回银行体系。这个过程会循环往复地进行下去，直到在各种监管约束和风险收益权衡下，银行体系的实际准备金率再次达到新的稳定状态。经过“存款—贷款”信用创造过程之后，被电子货币替代的现金全部转化为银行体系的准备金，银行体系的贷款和存款也都因此相应扩张。

假设电子货币替代现金以前，银行体系的稳定准备金率为 $rr(0<rr<1)$，而电子货币替代现金以后，相应的稳定准备金率为 $rr'(0<rr'<1)$。即在电子货币替代现金以前，经“存款—贷款”信用创造过程之后，银行的实际准备金率即为稳定的准备金率 rr，设此时银行的存款总量为 D，则准备金为 $R=rr\cdot D$，贷款为 $L=(1-rr)\cdot D$，假设此时流通中的现金总量为 C，则央行监控下的货币供给为 $M=C+D$。若个人和企业开始普遍使用电子货币进行交易，则电子货币就会在一定程度上替代流通中的现金，新一轮的信用创造过程就会被触发，直到达到新的平衡状态为止，并形成新的稳定准备金率 rr'。电子货币替代流通中现金的货币供给创造机制如图 4-1 所示。

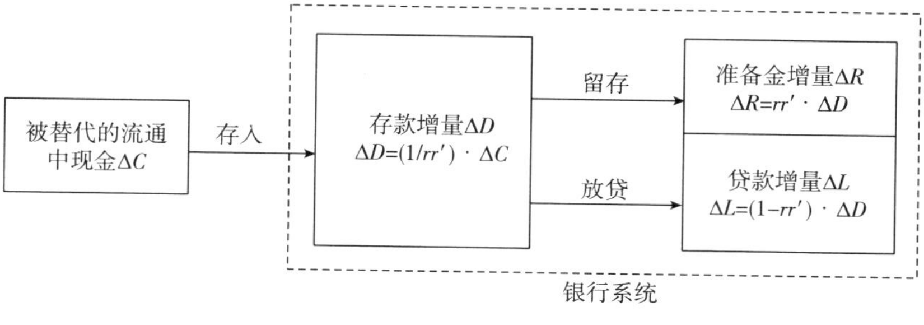

图 4-1 电子货币替代流通中现金的货币供给创造机制

电子货币的使用使流通中的现金减少 ΔC，现金 ΔC 被公众存入银行体系，经“存款—贷款”信用创造之后，银行体系内的存款增加 ΔD 并且存贷规模达到新的平衡状态，此时银行的实际准备金率即为新的稳定准备金率 rr'。为简化分析起见，假定这一过程中不存在现金漏损，因此，被电子货币替代的现金 ΔC 将全部转化为银行的准备金，此时银行准备金总额变为 $R+\Delta R=R+\Delta C=rr'\cdot(D+\Delta D)$。因为 $R=rr'\cdot D$，则有 $\Delta C=rr'\cdot\Delta D$。现在使用代数式来进行直观表述(此处用 X 表示使用电子货币之前的各变量，用 X' 表示使用电子货币之后的各变量)：

$$C'=C-\Delta C$$

$$D'=D+\Delta D$$

$$\Delta D=(1/rr')\cdot\Delta C$$

$$R'=R+\Delta C$$

$$M'=C'+D'$$

$$H'=C'+R'$$

即此时 $M'=C'+D'=(C-\Delta C)+(D+\Delta D)=(C+D)+(1/rr'-1)\Delta C$。相较之前的 $M=C+D$，央行监控下的货币供给增加了 $\Delta M=M'-M=(1/rr'-1)\Delta C$。由此可知，准备金率 rr' 越小，电子货币替代所产生的货币供给创造规模 ΔM 就越大；现金替代规模 ΔC 越大，电子货币替代所产生的货币供给创造规模 ΔM 就越大。需要就新的稳定准备金率 rr' 进行一些补充说明，$rr'=R'/D'=(R+\Delta C)/(D+\Delta D)$，将 $\Delta D=(1/rr')\Delta C$ 代入该式并在等式右侧的分子分母上同时除以 D，重新整理等式可得，$rr'+\Delta C/D=rr+\Delta C/D$，因此，$rr'=rr$ 并且 $\Delta M=(1/rr-1)\Delta C$。

4.3 电子货币替代与分类视角下的货币供给创造机制

本书根据现行的电子货币载体及支付特征，将其划分为基于银行卡的卡基型电子货币和基于互联网的网基型电子货币：卡基型电子货币主要是各类银行卡电子货币，包括以借记卡为载体的电子货币和以贷记卡为载体的电子货币；网基型电子货币主要是伴随互联网金融发展而出现的第三方支付电子货币。具体来说，当第三方支付仅作为可以担保支付的资金中介时，第三方支付电子货币与银行卡电子货币一样，主要是在银行系统内部记录和转移，若除此之外第三方支付还兼有投资理财角色，则第三方支付电子货币就会游离于银行系统之外。考虑到不同类型电子货币替代所产生的货币供给创造机制可能大不相同，因此，有必要在电子货币分类的基础上探讨其各自的货币供给创造机制，以便对不同类型电子货币在货币供给方面的影响机制与影响效果有一个清晰的认识和把握。

4.3.1 借记卡型电子货币的货币供给创造机制

借记卡电子货币主要表现为借记卡中存放的活期存款，其特点是先存款后消费，支付额度只能以借记卡内的金额为限，不能透支，支付过程与活期存款账户存在实时对应关系。若个人和企业开始普遍使用借记卡电子货币进行交易，则此时借记卡电子货币就会对流通中的现金形成替代，并因此打破此前银行体系内存贷款规模的平衡状态，引致新的信用创造过程。具体的货币供给创造机制如图 4-2 所示。

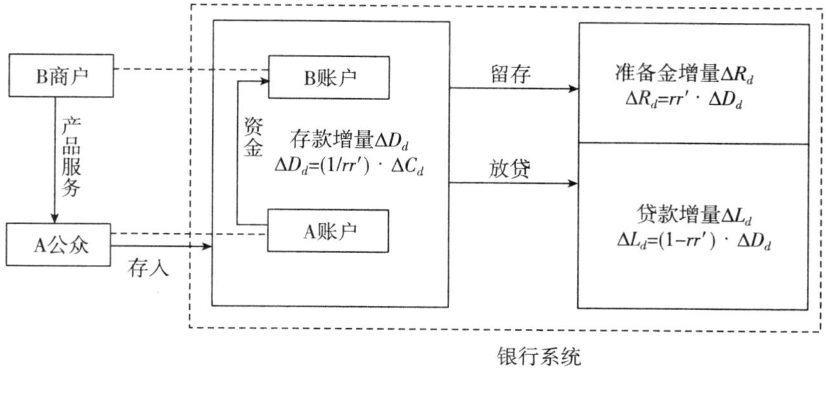

图 4-2 借记卡型电子货币替代流通中现金的货币供给创造机制

图 4-2 中借记卡电子货币的使用使得流通中的现金减少了 ΔC_d（下角标 d 表

示借记卡电子货币的情况，用 debit card 的首字母来标记），现金 ΔC_d 被公众 A 存入银行体系，经“存款—贷款”信用创造过程之后，银行体系内的存贷款规模达到新的平衡状态，存款增加 ΔD_d，准备金增加 $\Delta R_d = rr' \cdot \Delta D_d$，贷款增加 $\Delta L_d = (1-rr') \cdot \Delta D_d$，并且有 $\Delta D_d = (1/rr') \cdot \Delta C_d$，央行监控下的货币供给变为 M_d，具体表达式如下：

$$M_d = C_d + D_d = (C - \Delta C_d) + (D + \Delta D_d) = (C + D) + (1/rr' - 1) \cdot \Delta C_d \quad (4-3)$$

B 商户为 A 公众提供产品与服务的同时，A 公众基于借记卡向 B 商户支付的资金 ΔC_d 从 A 存款账户转移到 B 存款账户。在这一过程中，资金 ΔC_d 始终处于银行体系内，唯一发生变化的只是资金 ΔC_d 的所有权。可以看到，相比于借记卡电子货币使用前社会经济中的货币供给量 $M = C + D$，现在的货币供给量有所增加，对应的增量为 $\Delta M_d = M_d - M = (1/rr' - 1) \cdot \Delta C_d$。

4.3.2 贷记卡型电子货币的货币供给创造机制

银行卡电子货币中另外一个重要的构成部分是贷记卡电子货币①。贷记卡的透支与还款过程即体现了贷记卡型电子货币的使用，其所有透支背后实际上都是消费信贷的发放。若个人和企业开始普遍使用贷记卡电子货币进行交易，则此时贷记卡电子货币就会对流通中的现金形成替代，并因此打破此前的平衡状态，从而创造出新的货币供给。由于贷记卡消费支出是银行运用超额准备金为公众所垫付的，因而在银行体系内会形成对公众的贷款 ΔC_c（下角标 c 表示借记卡电子货币的情况，用 credit card 的首字母来标记）。具体来说，银行体系通过将金额为 ΔC_c 的超额准备金划拨到商户存款账户这种方式来为公众垫付消费支出的，这在银行体系内会形成商户的存款 ΔC_c，在这个过程中，准备金的总额保持不变，因为银行体系在进行完账户间的资金划拨操作后又会把这笔存款 ΔC_c 全部提为准备金。贷记卡型电子货币的货币供给创造机制如图 4-3-1 和图 4-3-2 所示，与借记卡电子货币不同的是，本书将整个过程分成贷记卡消费期和还款期两个阶段。

① 贷记卡是世界上最早使用的电子货币。

图 4-3-1 中，在贷记卡消费阶段，B 商户为 A 公众提供产品和服务，A 公众通过贷记卡进行支付，此时 A 公众的消费支出实际上是银行为其垫付的，在这个过程中，银行将金额为 ΔC_c 的超额准备金划拨到 B 商户的存款账户上，与此同时在银行体系内形成 B 商户的存款 ΔC_c，接着这笔存款 ΔC_c 又将被银行全部提为准备金，具体过程如图 4-3-1 中所标记的 1 和 2 所示。此时，银行体系内并无货币创造，只是将内部资金进行划拨操作。真正的货币创造发生在图 4-3-2 所示的贷记卡还款过程中，A 公众在为前期的消费信贷进行还款时，贷记卡消费期电子货币所替代的流通中现金 ΔC_c 被存入银行体系，银行体系内的存贷款规模经“存款—贷款”信用创造过程之后，再次达到新的平衡状态，此时银行体系内的存款增加 ΔD_c，准备金增加 $\Delta R_c = rr' \cdot \Delta D_c$，贷款增加 $\Delta L_c = (1-rr') \cdot \Delta D_c$，并且有 $\Delta D_c = (1/rr') \cdot \Delta C_c$，央行监控下的货币供给变为 M_c，具体表达如下：

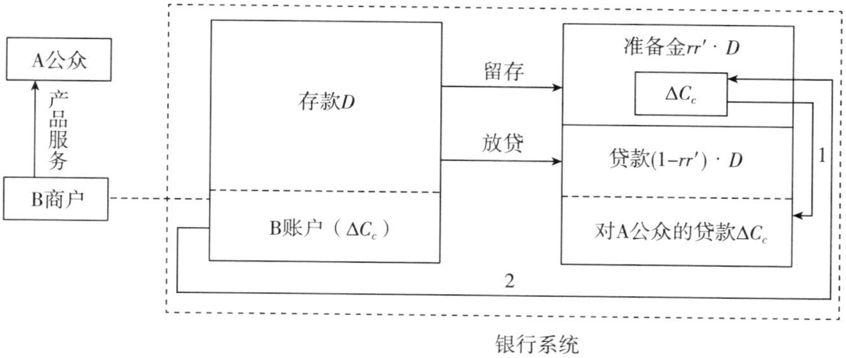

图 4-3-1　贷记卡消费期并未影响货币供给创造

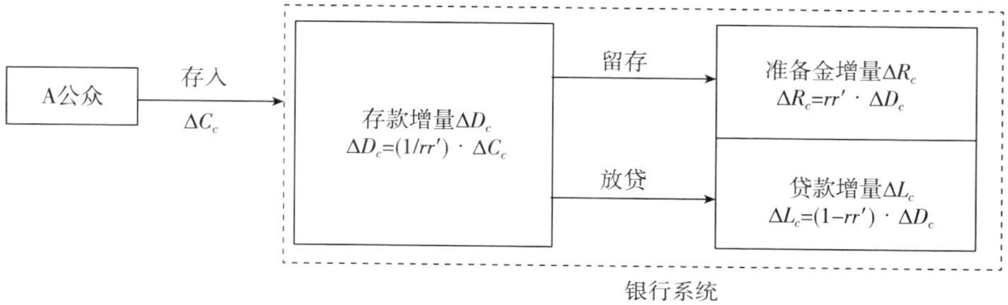

图 4-3-2　贷记卡还款期产生了货币供给创造

$$M_c = C_c + D_c = (C - \Delta C_c) + (D + \Delta D_c) = (C+D) + (1/rr' - 1) \cdot \Delta C_c \quad (4-4)$$

可以看到，对比贷记卡电子货币使用前社会经济中的货币供给量 $M=C+D$，现在的货币供给量有所增加，对应的增量为 $\Delta M_c = M_c - M = (1/rr'-1) \cdot \Delta C_c$。

4.3.3 第三方支付电子货币的货币供给创造机制

第三方支付机构借助信息安全技术与计算机通信技术，通过与各大银行进行签约，在银行支付结算系统与用户之间建立连接。具体技术细节不是本书的分析重点，因此，本书将问题简化为第三方支付在银行系统中有一个自己的账户，称之为第三方支付机构账户。

中国人民银行支付结算司分别于 2017 年 1 月 13 日与 8 月 4 日发布两个与第三方支付有关的重要文件：《中国人民银行办公厅关于实施支付机构客户备付金集中存管有关事项的通知》与《关于将非银行支付机构网络支付业务由直连模式迁移至网联平台处理的通知》，前者规定第三方支付机构不得挪用以及占用客户备付金，其在交易过程中所产生的客户备付金必须交至指定账户，由人民银行统一监管。后者要求截至 2018 年国内所有的支付机构都必须接入网联，该网联平台主要处理非银行支付机构发起的涉及银行账户的网络支付业务，其目的在于针对网络支付建立统一公共的资金转接清算服务，网联平台将成为银行体系与第三方支付平台之间的数据桥梁，这一机制将有助于央行掌握第三方支付机构的资金流向。2018 年 3 月，网联下发 42 号文件督促第三方支付机构接入网联渠道，明确在 2018 年 6 月 30 日前，所有的第三方支付机构与银行的直连都将切断，之后银行不会再单独直接为第三方支付机构提供代扣通道。从以上这些文件和政策中可以发现，央行对第三方支付的监管越来越严苛，除了防范相应的风险、保障使用者资金安全外，其中一个重要的原因在于，第三方支付电子货币对流通中现金的替代不仅能够扩大央行监控下的货币供给，而且会扩大央行监控外的货币供给，尤其是 2013 年 6 月 13 日阿里巴巴正式上线余额宝业务，将支付宝与互联网货币市场基金进行绑定。这些都进一步加剧了央行调控货币供应量的难度，并进一步影响到央行的数量型货币政策的效力。这部分的分析将对此加以详细说明，同时也有助于进一步理解以上政策文件中的相关规定。

若消费者仅将第三方支付作为可以担保支付的资金中介，则第三方支付电子货币对货币供给创造机制的影响就和银行卡电子货币一样，只是扩大了央行监控下的货币供给。若除此之外消费者还将其作为理财工具，那么第三方支付电子货币同时也会扩大央行监控外的货币供给。

4.3.3.1 第三方支付仅作为担保支付角色的货币供给创造机制

在这部分的分析中，本书忽略第三方支付的具体技术细节，将问题简化为第三方支付在银行系统中有一个第三方支付机构账户，如图 4-4 所示。

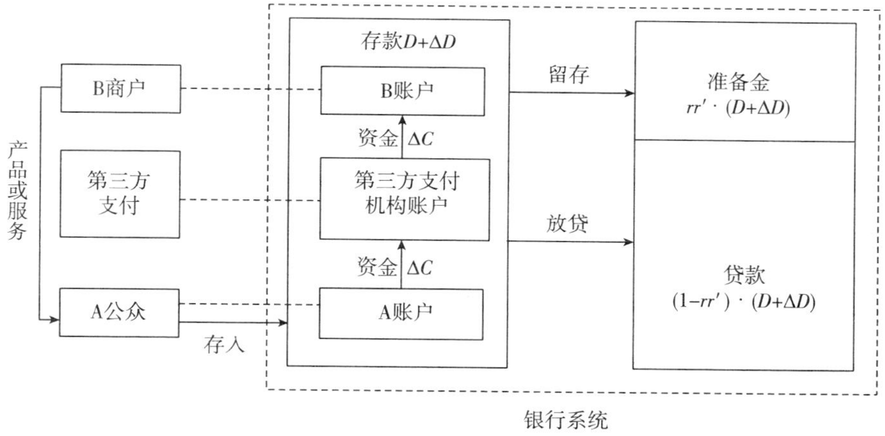

图 4-4 第三方支付作为支付担保的货币供给创造机制

在图 4-4 中，作为支付担保的第三方支付的出现，减少了流通中的现金 ΔC，现金 ΔC 被 A 公众存入银行体系，在 A 公众从 B 商户处购买产品和服务时，其账户中的资金 ΔC 被转入第三方支付机构账户，当确认产品和服务顺利抵达 A 公众手中时，其存放在第三方支付机构账户中的 ΔC 被转入 B 商户的账户中。这个过程类似于借记卡电子货币过程，只不过此时多了一个中介账户——第三方支付机构账户。对银行系统而言，在现金 ΔC 被 A 公众存入银行体系时，“存款—贷款”的循环信用创造过程就开始了。当银行体系内的存贷款规模达到新的平衡状态时，银行的存款变为 $D+\Delta D$，准备金变为 $R+\Delta R=rr'\cdot(D+\Delta D)$，贷款增至 $L+\Delta L=(1-rr')\cdot(D+\Delta D)$，并且有 $\Delta D=(1/rr')\cdot\Delta C$，央行监控下的货币供给变为 M'，具体表达式如下：

$$M'=C'+D'=(C-\Delta C)+(D+\Delta D)=(C+D)+(1/rr'-1)\cdot\Delta C \qquad (4-5)$$

可以看到，相比于第三方支付电子货币使用前社会经济中的货币供给量 $M=C+D$，现在的货币供给量有所增加，增量为 $\Delta M=M'-M=(1/rr'-1)\cdot\Delta C$。

4.3.3.2 第三方支付兼有担保支付与投资理财角色的货币供给创造机制

阿里巴巴在 2013 年 6 月 13 日正式上线余额宝业务，将支付宝与互联网货币市场基金进行绑定，自此第三方支付除了担保支付的角色外，更增加了投资理财的角色。实际上，余额宝账户资金和支付宝账户资金可以无成本快捷转换，消费者可以随意转换第三方支付的两种角色和功能，但本书为了简化分析起见，设定消费者在第一阶段进行投资理财，在第二阶段进行消费支付。

在第一阶段的投资理财中，A 公众将现金 ΔC 转移至第三方支付机构账户，而第三方支付机构将 ΔC 提出并用于投资，因而银行系统并不能用 ΔC 进行“存款—贷款”的循环信用创造，过程如图 4-5 所示。此时的 $D=D'$，$R=R'$，$L=L'$，社会经济中的货币供给为：

$$M'=C'+D'=(C-\Delta C+\Delta C)+D=C+D=M \qquad (4-6)$$

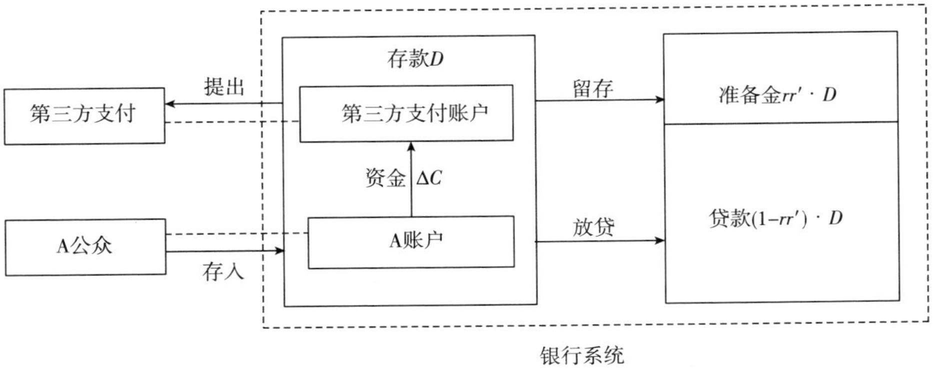

图 4-5 第三方支付在第一阶段作为投资理财角色的货币供给创造机制

第三方支付机构通过投资理财，使 A 公众在其账户上的资金存量增加至 $\Delta C+N$，资金 N 的大小是由第三方支付机构的理财能力所决定的。

在第二阶段，公众借助第三方支付平台进行相应的消费支付，这时社会经济中的货币供给为：

$$M'=C'+D'=(C-\Delta C-N)+[(\Delta C+N)/rr'+D]$$
$$=C+D+(1/rr'-1)\cdot\Delta C+(1/rr'-1)\cdot N \tag{4-7}$$

可以看出，此时的货币供给 M' 比第三方支付电子货币使用前的社会经济中的货币供给 $M=C+D$ 有所增加，增量为 $\Delta M=M'-M=(1/rr'-1)\cdot\Delta C+(1/rr'-1)\cdot N$。因此，第三方支付电子货币的使用，不仅扩大了央行监控下的货币供给，同时也增加了央行监控之外的货币供给，使得社会经济中的货币供给进一步增加，并且第三方支付电子货币的使用在央行监控外增加的货币供给与其理财能力有关，为 $(1/rr'-1)\cdot N$。

总的来说，不论是何种类型的电子货币，其对流通中现金的替代效应必然会改变通货存款比率，引发货币乘数、货币供给的变动，进而将影响到央行货币政策调控力度和执行效果。

4.4 货币电子化对基础货币的影响

基础货币是现代金融体制下对商业银行的存款货币创造起到基础性作用的货币，由流通中现金和银行准备金构成。对基础货币的控制是央行实现其货币政策目标的重要途径之一，通常央行是在公开市场操作中对基础货币进行调节的。央行根据经济发展的实际情况来调整基础货币的投放，经由商业银行的存款货币创造机制，基础货币派生出数倍于自身的存款货币，最终形成不同层次的货币供给，货币供给的多寡进而影响价格水平和资金融通，从而对经济起到或抑制或刺激的作用。前文就电子货币对货币乘数、货币供给的影响机制进行了详细的分析，概括而言，随着电子支付的进一步发展，电子货币对通货替代规模进一步扩大，通货存款比率逐渐降低，货币乘数被放大，并且不同类型的电子货币对货币供给的创造规模有所差别。那么电子货币对央行基础货币又会产生什么样的影响？鉴于用作电子支付媒介的电子货币形态各异，需要具体问题具体分析。在前文的分析中，本书根据现行的电子货币载体和支付特征将我国的电子货币划分为各类银行卡电子货币和第三方支付电子货币，下面我们将分别分析这两类电子货币对基础货币的影响情况。

4.4.1 银行卡电子货币对基础货币的影响

如前所述，银行卡电子货币主要包括以借记卡为载体的电子货币和以贷记卡为载体的电子货币。其中借记卡电子货币主要表现为借记卡中存放的活期存款，其特点是先存款后消费，支付额度只能以借记卡内的金额为限，不能透支，支付过程与活期存款账户存在实时对应关系。若个人和企业开始普遍使用借记卡电子货币进行交易，则此时借记卡电子货币就会对流通中的现金形成替代，并因此打破此前银行体系内存贷款规模的平衡状态，进而引致新的信用创造过程。根据前文相关内容可知，此时的基础货币 H_d 为：

$$H_d=C_d+R_d=(C-\Delta C_d)+(R+\Delta R_d)=(C+R)+(\Delta R_d-\Delta C_d) \tag{4-8}$$

其中，$\Delta R_d=rr'\cdot\Delta D_d$，$\Delta D_d=(1/rr')\cdot\Delta C_d$，代入式(4-8)可得 $H_d=C_d+R_d=C+R=H$。因此，可以看到，借记卡电子货币使用前后的基础货币在总量上并未发生变化，即 $H_d=H$，但是基础货币的内部构成的确改变了。

再来看银行卡电子货币中另外一个重要的构成部分——贷记卡电子货币。贷记卡的透支与还款过程即贷记卡电子货币的使用过程，其所有透支背后实际上都是消费信贷的发放。在第 4.3 节中将贷记卡电子货币的货币供给创造机制分为贷记卡消费期和还款期两个过程，这里我们将分析这两个过程对基础货币的影响情况。回顾此前的第 4.3 节中的图 4-3-1，在贷记卡消费阶段，B 商户为 A 公众提供产品和服务，A 公众通过贷记卡进行支付，此时 A 公众的消费支出实际上是银行为其垫付的，在这个过程中，银行将金额为 ΔC_c 的超额准备金划拨到 B 商户的存款账户上，而且在银行体系内部产生 B 商户的存款 ΔC_c，接着这笔存款 ΔC_c 又将被银行全部提为准备金，因此，这时的流通中现金和准备金均未发生变动。而在贷记卡还款过程中，A 公众在为前期的消费信贷进行还款时，贷记卡消费期电子货币替代的流通中现金 ΔC_c 被存入银行体系，银行体系内的存贷款规模经“存款—贷款”信用创造过程之后，准备金增加 $\Delta R_c = rr' \cdot \Delta D_c$，此时的基础货币 H_c 为：

$$H_c = C_c + R_c = (C - \Delta C_c) + (R + \Delta R_c) = (C + R) + (\Delta R_c - \Delta C_c) \tag{4-9}$$

其中，$\Delta R_c = rr' \cdot \Delta D_c$，$\Delta D_c = (1/rr') \cdot \Delta C_c$，代入式(4-9)可得 $H_c = C_c + R_c = C + R = H$。因此，可以看到，贷记卡电子货币使用前后的基础货币在总量上并未发生变化，即 $H_d = H$，但是基础货币的内部构成同样也发生了改变。

4.4.2 第三方支付电子货币对基础货币的影响

在之前分析第三方支付电子货币的货币供给创造机制时，我们忽略具体的技术细节并将问题简化为第三方支付在银行系统中有一个第三方支付机构账户。这里在分析其对基础货币的影响时，我们沿用同样的设定。

首先，分析第三方支付仅作为担保支付角色时对基础货币的影响情况。作为支付担保的第三方支付的出现，减少了流通中的现金 ΔC，现金 ΔC 被 A 公众存入银行体系，对银行系统而言，在现金 ΔC 被 A 公众存入银行体系时，“存款—贷款”的循环信用创造过程就开始了，银行体系内的存款变为 $D + \Delta D$，准备金变为 $R + \Delta R = rr' \cdot (D + \Delta D)$，贷款增至 $L + \Delta L = (1 - rr') \cdot (D + \Delta D)$，并且有 $\Delta D = (1/rr') \cdot \Delta C$，此时的基础货币为：

$$H' = C' + R' = (C - \Delta C) + (R + \Delta R) = (C + R) + (\Delta R - \Delta C) \tag{4-10}$$

其中，$\Delta R = rr' \cdot \Delta D$，$\Delta D = (1/rr') \cdot \Delta C$，代入式(4-10)可得 $H' = C' + R' = C + R = H$。因此，可以看到，这种情况下第三方支付电子货币也改变了基础货币的内部构成，基础货币在总量上并未发生变化。

其次，分析第三方支付兼有担保支付与投资理财角色时对基础货币的影响情况。延续第 4.3 节中的分析思路，仍然设定消费者在第一阶段进行投资理财，第二阶段进行消费支付。在第一阶段的投资理财中，A 公众将现金 ΔC 转移至第三方支付机构账户，而第三方支付机构将 ΔC 提出并用于投资，因而银行系统并不能用 ΔC 进行“存款—贷款”的循环信用创造，过程如图 4-5 所示。此时的 $R=R'$，$C'=(C-\Delta C+\Delta C)$，相应的基础货币为：

$$H'=C'+R'=(C-\Delta C+\Delta C)+R=C+R=H \tag{4-11}$$

在第二阶段第三方支付机构通过投资理财，使 A 公众在其账户上的资金存量增加至 $\Delta C+N$，公众借助第三方支付平台进行相应的消费支付，此时的基础货币为：

$$H'=C'+R'=(C-\Delta C-N)+(R+\Delta R)=(C+R)+(\Delta R-\Delta C-N) \tag{4-12}$$

其中，$\Delta R=rr'\cdot\Delta D$，$\Delta D=(1/rr')\cdot(\Delta C+N)$，代入式（4-12）可得：

$$H'=C'+R'=(C-\Delta C-N)+(R+\Delta R)=(C-\Delta C-N)+(R+\Delta C+N)=C+R \tag{4-13}$$

可以看到，这种情况下第三方支付电子货币同样改变了基础货币的内部构成，基础货币在总量上并未发生变化。只是对比此前借记卡和贷记卡电子货币的情形，可以发现，当第三方支付兼有担保支付与投资理财角色时，虽然同样也不会影响到基础货币总量，但却会使基础货币中现金所占比重更小、准备金所占比重更大。总的来说，不论是何种类型的电子货币，其对流通中现金的替代效应虽然不影响基础货币总量水平，但会改变基础货币中现金和准备金的比率。

如果延续第 3 章的做法，仍然用 E 表示互联网金融发展及货币电子化程度，则我们可以将货币供给方程设定为：

$$M^s=K(E)\cdot H \tag{4-14}$$

其中，H 为基础货币，$K(E)$ 为货币乘数，表示货币电子化因素对货币供给的放大作用，并且 $K(E)>0$，$K'(E)>0$。在本章第 4.2 节和第 4.3 节货币电子化对货币供给的影响机制分析中，我们对此已经做过详细说明，具体而言就是电子货币对流通中现金的替代会引起通货存款比率的下降，而通货存款比率的下降会通过增加货币乘数而放大货币供给量。根据本章第 4.4 节有关电子货币替代对基础货币的分析结论可知，电子货币只会改变基础货币的内部构成，而对基础货币总量并没有影响，因此，货币供给函数式(4-14)中的基础货币 H 与电子货币 E 无关，其对数线性化形式如下：

$$m^s = \kappa \cdot e + h \tag{4-15}$$

这里所构造的这个包含货币电子化因素的简单货币供给函数形式，同样也构成了第6章LM曲线函数形式的基础，本书将在第6章的相关部分对此进行进一步的分析说明。

4.5 本章小结

本章以我国互联网金融、电子支付发展为背景，在第3章货币需求分析的基础上，以电子货币替代为视角，同样将电子货币划分为银行卡电子货币和第三方支付电子货币，分别研究了不同类型电子货币对货币供给的影响机制和影响效果。结果表明，电子货币能够放大货币乘数、增加货币供应量。其中，银行卡电子货币扩大了央行监控下的货币供给，第三方支付电子货币不仅扩大了央行监控下的货币供给，而且也扩大了央行监控外的货币供给。此外，不论是银行卡电子货币还是第三方支付电子货币，对基础货币总量都没有影响，而只会造成基础货币的内部构成发生变化。与银行卡电子货币的不同之处在于，当第三方支付兼有担保支付与投资理财角色时，虽然同样也不会影响到基础货币总量，但却会使基础货币中现金所占比重更小、准备金所占比重更大。

总的来说，不论是何种类型的电子货币，其对流通中现金的替代效应必然改变通货存款比率，引发货币乘数、货币供给的变动，进而将影响到央行货币政策调控力度和执行效果。电子支付和电子货币分别作为今后支付方式和货币形式发展的必然趋势，央行应该对其保持密切关注，同时完善货币政策宏观调控体系。在制定货币政策目标时，必须充分考虑电子货币给货币供给带来的影响，以使货币供应量的预测和调节更加准确，从而降低政策效果与预期要达到的目标之间的偏差。

5 货币电子化对货币流通速度的影响：实证检验

货币流通速度是体现名义产出水平和货币数量之间关系的宏观变量，一般指的是货币在一定时期内的平均周转次数，货币流通速度越快，流通中所需要的货币量就越少，反之则越多。货币流通速度的稳定性决定了货币量的变化能否对宏观经济活动产生稳定的、可预测的影响，而制定可信的货币政策方案需要了解货币流通速度及其决定因素。各国货币当局在货币政策的制定与实施上都十分慎重地考虑货币流通速度的变化情况，以货币供应量作为货币政策中介目标的国家更是如此。本书前几章主要围绕电子货币对现金的替代效应展开分析，侧重于分析电子货币替代效应对货币供给的影响效应和影响机制。本章将在借鉴以往国内外相关研究的基础上，通过考察货币流通速度近年来的变化情况，分析电子货币与三个不同层次货币流通速度之间的长期关系。一方面是作为互联网金融、电子支付发展这一新经济环境下的货币流通速度稳定性分析，另一方面是作为货币电子化在货币供需方面影响效应的检验。

5.1 引言

货币流通速度是体现货币数量和名义产出水平之间关系的宏观变量，作为货币经济学中的一个关键概念，其稳定性决定了货币量的变化能否对宏观经济活动产生稳定的、可预测的影响。货币流通速度方面的实证研究主要集中在货币流通速度的长期趋势、稳定性、影响因素及其政策含义等方面。有关货币流通速度的稳定性及其影响因素，不同学者持有不同的看法。费雪认为短期内的货币流通速度是稳定的，物价水平与货币数量同向变动。但他也指出经济中影响个人交易方式的制度因素能够决定货币流通速度，例如，个人心理、金融发达程度、人口密度等。凯恩斯将货币流通速度与经济周期联系起来，认为货币流通速度是实际国民收入与货币需求的比例。具体来说，货币流通速度是实际国民收入与利率的函数，其中，利率对货币流通速度的影响主要是通过货币需求的利率弹性起作用，而实际收入对货币流通速度的影响则主要是通过货币需求的收入弹性起作用。弗里德曼认为货币流通速度是不稳定的（货币流通速度不再是由制度决定的常数），但其却与利率、价格水平的变动率之间存在稳定的函数关系。

随着金融发展和经济制度的变迁，货币流通速度的变化引起了学者们的关注。自从 20 世纪 70 年代末以来，大量的研究表明，货币流通速度的一般特征是不稳定的，经济发展状况会影响到货币流通速度。Bordo 和 Jonung（1981，1987）研究了加拿大、美国、英国、瑞典以及挪威 5 个工业化国家 1880~1975 年近 100 年的货币流通速度，在此基础上总结出发达国家货币流通速度是呈 U 型变化的，对此还采用制度假说来解释，指出货币流通速度之所以会呈 U 型特征，关键因素在于金融发展和经济货币化进程。一方面，货币化进程使得货币需求得以提升，相比于经济增长速度，货币需求增长速度更快，由此使得货币流通速度减弱；另一方面，金融发展以及金融深化会降低对货币作为一种资产的需求，从而提高了货币流通速度。Siklos（1993）延续了 Bordo 和 Jonung（1981，1987）的研究，证实了在传统的货币流通速度模型中加入制度因素变量，能够生成一个长期货币流通速度统计模型。Bordo 等（1997）利用协整和误差修正模型，研究了制度因素在解释加拿大等 5 个工业化国家货币流通速度长期行为中的作用，并考察了这些制度因素是否能够解释这些国家在一个多世纪的数据中普遍存在的 U 型模式，结果表明制度变迁对此的确具有很好的解释力。根据 Bordo 和 Jonung 等学者的研究，一国货币流通速度基本都呈现 U 型的变化轨迹，而金融发展是在达到 U 型谷底后货币流通速度逐渐提升的重要影响因素。

本书将结合已有的理论分析和我国目前互联网金融、电子支付发展背景，重点考察货币电子化对我国不同层次货币流通速度的影响。这不仅有利于理解货币流通速度的变化趋势，正确认识电子支付、电子货币给货币流通速度带来的影响，同时对于央行在货币电子化新环境下调整货币供应量，制定准确的货币政策也具有重要意义。从第 2 章相关部分的文献回顾中可以看到，国内外有关电子货币如何影响货币流通速度的研究尚未形成统一结论，对于电子货币给货币流通速度带来的影响仍需进一步的探索。本章将在借鉴以往国内外相关研究的基础上，通过考察货币流通速度近年来的变化情况，结合已有的关于货币流通速度影响因素方面的研究成果，分析电子货币与三个不同层次货币流通速度的长期关系，一方面是作为互联网金融、电子支付发展这一新经济环境下的货币流通速度稳定性分析，另一方面是作为前文货币电子化对货币供需影响结果的检验。

5.2 变量选择和数据说明

针对货币流通速度，国际货币基金组织（IMF）公布了一种计算公式：$MV=GDP$。实际上，这个计算公式正是基于费雪方程 $MV=PY$[①] 得出的，因此，货币流通速度以 $V=PY/M=GDP/M$ 计算。

我国央行将货币分为 M_0、M_1 及 M_2 三个层次，其中，M_0 为流通中的现金；M_1 为狭义货币，由流通中现金和活期存款构成，即 $M_1=M_0+D$，这里 D 表示活期

① 早期的货币流通速度计算公式源于费雪的交易方程式 $MV=PY$，即货币数量乘以货币被使用的次数等于名义收入。其中货币流通速度 V 连接起了货币数量 M 与总产出 PY，表示一单位货币可以用来购买经济体所生产的产品与服务的平均次数。自从费雪提出交易方程 $MV=PY$ 以来，无论是理论界还是各国政府决策层，都是根据该方程式测算或预测货币的流通速度，以及由此决定货币供应量。

存款，包括企业活期存款、机关团体存款及农村存款；M_2 为广义货币，由狭义货币和准货币构成，即 $M_2=M_1+TD$，这里 TD 表示准货币，其主要构成通常有企业定期存款、居民储蓄存款等。根据国际货币基金组织公布的货币流通速度计算公式：$V_i=PY/M_i=GDP/M_i$，可以计算出我国现金 M_0、狭义货币 M_1 和广义货币 M_2 的流通速度分别是：$V_0=GDP/M_0$、$V_1=GDP/M_1$、$V_2=GDP/M_2$。在我国以货币量作为中介目标的货币政策框架下，货币流通速度的稳定性及其影响因素具有重要的研究价值，因此，本书将同时对三种层次货币流通速度进行相应分析和考察。

货币流通速度是现代经济学中重要的宏观变量，其影响因素有很多，最基本的有两个，其一是实际收入，其二是利率。我们对此进行简单的说明：根据费雪的交易方程式 $MV=PY$，即货币数量乘以货币被使用的次数等于名义收入，可以得到$\frac{M}{P}=\frac{Y}{V}$。在货币市场均衡 $M_s=M_d$ 的条件下，可以进一步得到 $V=\frac{Y}{M_d/P}$。其中，M_d/P 即实际货币余额（或者称为实际货币需求），通常其表达式为 $M_d/P=L(Y,\ i)$，即实际货币需求是实际收入与利率的函数。因此，$V=\frac{Y}{M_d/P}=\frac{Y}{L(Y,\ i)}$，即货币流通速度是实际收入与利率的函数。

除此之外，宏观经济的形势、产业结构的调整、消费支付的习惯、国家的文化传统等都会对流通速度产生一定的影响。下面将对这些影响因素进行详细的分析说明。

5.2.1 利率

由于利率本身代表着持币成本或者说货币价格，因而，货币需求以及货币流通速度必然会受到利率的影响，并且货币流通速度与利率具有正向关系，凯恩斯在其 1936 年的《就业利息和货币通论》中论述了这一观点。根据凯恩斯的货币理论 $M_d/P=L(Y,\ i)$，即实际货币需求被视为实际收入和利率的函数，其中，M_d/P 是实际货币需求，i 是利率，Y 是国民收入。由货币供给 M_s 等于货币需求

M_d 并结合费雪方程式 $MV=PY$，可以得出：$V=Y/L(Y,\ i)$。两边分别对利率 i 求偏导，即有$\frac{\partial V}{\partial i}=-\frac{Y}{L^2}\frac{\partial L}{\partial i}$，因为实际货币需求的利率弹性为负，由上式可得货币流通速度的利率弹性为正。有关利率数据，本书采用的是一年期定期存款利率，资料来源为 WIND 咨询数据库。

5.2.2 实际收入或产量

实际收入或产量作为经济规模变量，必然会影响货币需求和货币流通速度，实际收入越高，实际货币需求将越大。同上，由货币供给 M_s 等于货币需求 M_d 并结合费雪方程式 $MV=PY$，可以得出：$V=Y/L(Y,\ i)$，两边分别对实际收入 Y 求偏导，即有$\frac{\partial V}{\partial Y}=\frac{L-Y\cdot\frac{\partial L}{\partial Y}}{L^2}=\frac{1}{L}\left(1-\frac{Y}{L}\frac{\partial L}{\partial Y}\right)$，其中，$\frac{Y}{L}\frac{\partial L}{\partial Y}$为货币需求的收入弹性。由此可知，货币流通速度的收入弹性与货币需求的收入弹性有关，具体来说，当货币需求的收入弹性小于 1 时，货币流通速度与实际收入之间为正向关系，即实际收入增加时货币流通速度将上升；当货币需求的收入弹性大于 1 时，货币流通速度与实际收入之间为负向关系，即实际收入增加时货币流通速度将下降。本书采用的实际收入数据是名义 GDP 经由 GDP 平减指数处理后得来的实际 GDP 数据，资料来源为国家统计局。

5.2.3 产业结构变化

不同产业部门在货币流通速度上存在差异，从而产业结构变化也将引起货币流通速度的变化。一般而言，以服务业为主的第三产业在运营过程中需要投入大量的短期资金。从单位产业增加值所依赖的货币量来看，第三产业所依赖的货币量要多于第一产业或者第二产业。因此，即使在各产业货币流通速度保持稳定不变的情况下，产业结构的变动也会改变整个经济的货币流通速度。从图 5-1 中可以看出：第一产业比重呈明显的下降趋势，而第二产业比重较为稳定，第三产业比重则呈明显的逐渐上升趋势。我国这种产业结构变化有可能导致货币需求增长，进而使得货币流通速度下降。赵留彦和王一鸣（2005）分析了我国农业和非农业部门的货币需求行为，研究发现，非农业部门的边际货币需求倾向要比农业部门的边际货币需求倾向高得多，后者仅约相当于前者的1/4。改革开放以来，农业在总产出中所占的比例不断减少，新增货币数量既要满足整体经济增长的需要，同时还要符合非农业比重增长带来的更大比例的需求，由此整个社会货币需求量增长速度就会超过收入的增长速度。汪军红和李治国（2006）同样认为产业结构变动是我国货币流通速度下降的主要因素，尤其是第三产业比重的上升。王延军和温娇秀（2015）通过分析企业融资方式、融资期限结构和货币需求产出弹性等因素对货币流通速度的影响，也指出产业结构的变动是货币流通速度变慢的重要原因。这里的产业数据来源为国家统计局。

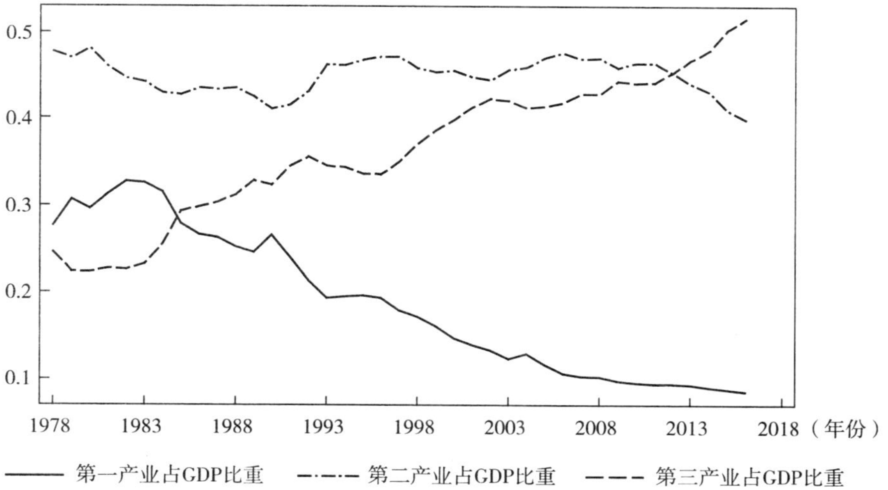

图 5-1　1978~2017 年三大产业比重变化趋势

5.2.4　货币电子化（DZH）

互联网金融的发展促进了支付手段的革新，移动终端、网上银行成为新的支付途径，一方面替代了现金交易，增加了银行卡消费和第三方支付；另一方面增加了转账的便利性。尤其是近年来我国金融创新活动十分活跃，金融市场得到迅速发展，商业银行电子化规模扩大，网上银行业务、自动服务系统等现代金融支付手段发展迅速，这些都在一定程度上提高了我国货币电子化程度。此外，伴随互联网金融的发展、电子支付方式的普及，我国货币电子化程度得到了进一步的提升。作为支付媒介的电子货币必然会对微观主体的现金需求产生替代，影响货币需求中原有的变量关系，增加货币需求的不可预测性。本书第 3 章从凯恩斯货币需求理论出发，对此进行了详细的论述，这里不再赘述。电子货币将借由对货币需求的影响而作用于货币流通速度，在当前互联网金融、电子支付发展新经济环境下，电子货币是货币流通速度分析中一个十分重要的影响因素。出于对相关数据的可得性、货币支付的关联性两方面的考虑，本书将货币电子化指标定义为 *DZH*=（银行卡消费+转账金额）/*GDP*，并以此来衡量我国的货币电子化程度。从图 5-2 中可以看出，我国货币电子化程度在不断提高。由于目前我国电子货币主要对流通中现金构成直接的替代效应，因此，受其影响最大的应该是流通中的现金 M_0，其次是狭义货币 M_1，最后是广义货币 M_2，所以电子货币的增加对现金流通速度 V_0 的影响是最大的，其次是狭义货币流通速度 V_1，最后是广义货币流通速度 V_2。在接下来的实证分析中，本书将对此进行进一步的考察，相关数据来源为中国人民银行以及 WIND 咨询数据库。需要说明的是，受限于银行卡消费转账数据的可获得性，样本数据范围定为 1997~2017 年。

5.2.5 储蓄率

储蓄率也是影响货币流通速度的一个重要因素。长期以来，银行存款都是我国居民进行跨期投资、平滑消费的首要选择，一方面在于我国金融产品种类单一、投资渠道较少，另一方面在于银行存款收益相对稳定且具有一定的流通性。总的来说，我国直接金融市场不发达造成了居民储蓄存款的投资性质。此外，消费观念、节俭习俗和社会保障体系不健全也造成了我国的储蓄率长期处于高水平的状况。储蓄率指标能够反映公众对货币持有形式的偏好，从理论上看，储蓄率

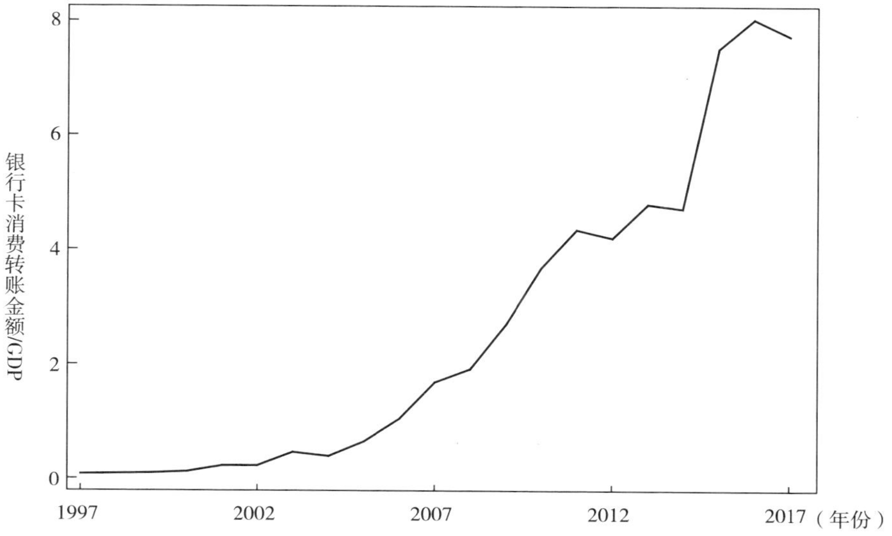

图 5-2 1997~2017 年货币电子化程度变化趋势

对货币流通速度的影响为负。本书使用的储蓄率数据来自 Chang 等（2015）①。

5.3 实证分析

前文就货币流通速度的影响因素分别进行了简单说明，以下将使用电子货币等相关数据进行相应的实证分析。图 5-3 描述了样本期内我国三种不同层次货币量的变化情况。

5.3.1 货币流通速度的稳定性和变化趋势

图 5-4 是现金流通速度 V_0 的变化趋势，可以看出 V_0 大致经历了先下降后上

① 截至目前，Chang 等将所有数据更新至 2017 年。

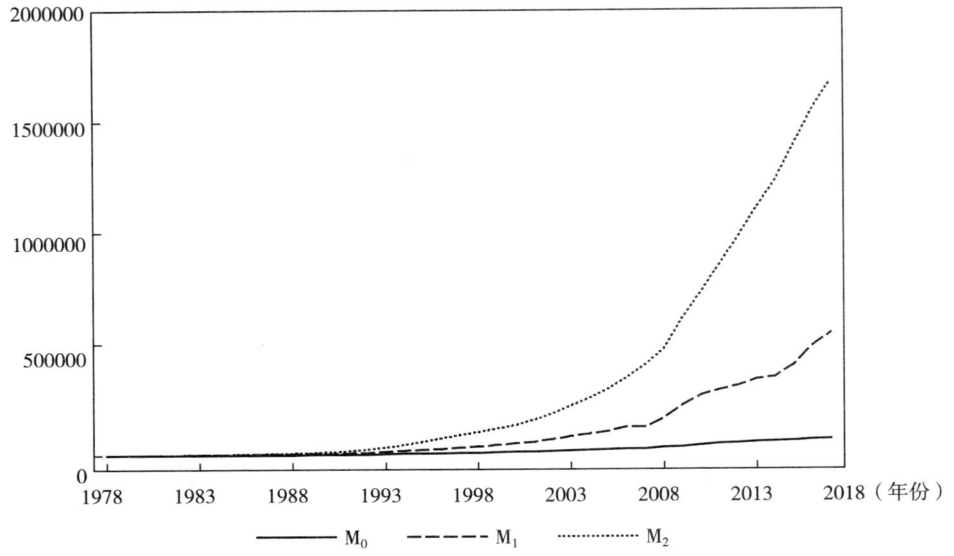

图 5-3　1978~2017 年我国各层次货币量的变化趋势

升的过程，呈现出明显的 U 型特征。始于 1993 年的“金卡工程”① 是我国货币电子化工程的代表，数据显示现金流通速度 V_0 在 1993 年之前主要呈现出不断下降的趋势，1993 年之后则呈现出不断上升的趋势。图 5-5 所示为狭义货币以及广义货币流通速度的变动趋势，可以看出，这二者仍然处于下降阶段，并未出现上升拐点。此外，从图 5-4 和图 5-5 中也可以看出，V_0 高于 V_1 和 V_2，这表明我国公众更多地持有存款、股票等金融资产，而对现金的持有量相对较低。另外，广义货币流通速度 V_2 的变动最具规律性，其可预测性比较强，而狭义货币流通速度 V_1 的变动比较容易反复，现金流通速度 V_0 的波动幅度最大，较难把握。

① 1993 年 6 月国务院启动了以发展我国电子货币为目的、以电子货币应用为重点的各类卡基应用系统工程，即我们常说的金卡工程。金卡工程广义上是金融电子化工程，狭义上是电子货币工程。它是我国的一项跨系统、跨地区、跨世纪的社会系统工程。它以计算机、通信等现代科技为基础，以银行卡等为介质，通过计算机网络系统，以电子信息转账形式实现货币流通。

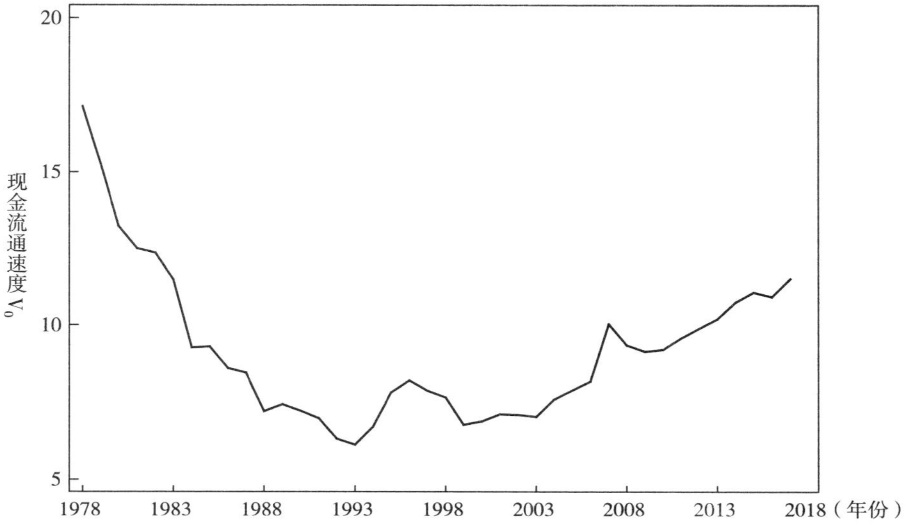

图 5-4 现金流通速度 V_0 的变化趋势

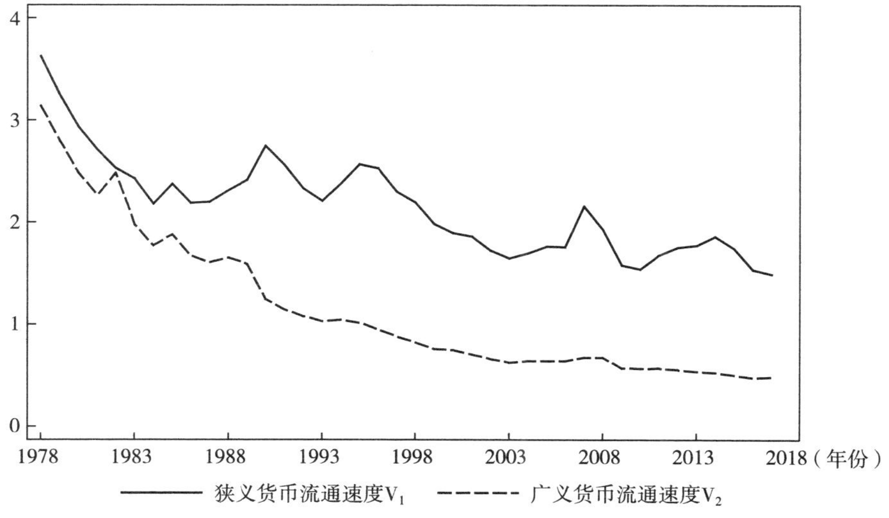

图 5-5 狭义货币流通速度 V_1 和广义货币流通速度 V_2 的变动趋势

在对我国货币流通速度变动趋势及其影响因素的研究中，最早是由易纲

（1996）提出了货币化假说，认为造成我国货币流通速度下降的主要原因是我国经济货币化过程。随着经济的货币化，原本与货币流通无关的部分（例如农村经济中自给自足部分）开始涉及货币的交易和流通，在这一过程中，实际货币需求将逐渐增大，货币流通速度逐渐下降。张杰（1998）认为1985年和1988年是我国经济货币化进程的顶点，还有学者认为我国货币化进程在20世纪90年代中期已经结束。但张曙光主持的中国社会科学院经济所宏观课题组（2000）的研究则认为：从20世纪90年代中期开始，我国包括物质产品和服务产品（包括房地产）以及流量资产和存量资产的广义经济货币化仍在持续，只不过货币化速度有所降低。

具体来说，随着经济货币化进程的深入，货币流通速度先会经历一个下降的过程，然后又随着金融发展和经济的稳定化程度提高而逐渐转为上升过程。若依照易纲、Bordo 和 Jonung 等提出的经济货币化假说、制度假说，从当前我国 M_1 和 M_2 的货币流通速度 V_1 和 V_2 的变化特征来看，我国的货币化进程还在继续深入，尚未发生根本性转折，金融发展以及经济稳定化程度的提高还有待时日。

5.3.2 各影响因素对货币流通速度的影响效应

以上只是做了简单的初步分析，要准确把握各影响因素对货币流通速度的影响效应，需要借助一定的计量方法进行进一步的考察。前文已经总结过，货币流通速度的影响因素主要有：①实际收入；②利率；③产业结构；④储蓄率；⑤货币电子化。本书将同时分析以上这些因素对货币流通速度的影响，并且重点考察电子货币对各层次货币流通速度的影响，变量说明汇总在表5-1中。

表5-1 变量说明

变量符号	变量含义
V_0	现金流通速度
V_1	狭义货币流通速度
V_2	广义货币流通速度
Y	实际 GDP

续表

变量符号	变量含义
DZH	货币电子化程度
FW	第一产业占 GDP 比重
SW	第二产业占 GDP 比重
TW	第三产业占 GDP 比重
CXL	储蓄率
R	一年期定期存款利率

受限于数据的可得性，本小节的实证分析只对 1993 年“金卡工程”实施以后的情况进行考察，具体的样本期间为 1997~2017 年。为了避免伪回归，方法之一是先对变量作一阶差分，然后再回归；方法之二是“协整”，下文将对此进行详细说明。不论采用哪种方法首先必须对是否存在单位根进行检验（平稳性检验），本书采用 ADF 检定方法对各变量进行平稳性检验，结果如表 5-2 所示。需要说明的是，对于有指数增长趋势的经济变量，通常要先取对数并去掉其指数趋势，因此，这里对实际 GDP 进行了取对数处理，表中 ln*X* 表示变量 *X* 的对数形式。

表 5-2　各变量取对数后的 ADF 平稳性检验（单位根检验）

变量	ADF	1%临界值	5%临界值	10%	P 值	结论
V_0	-0. 156	-2. 567	-1. 740	-1. 333	0. 439	不平稳
V_1	-2. 700	-4. 380	-3. 600	-3. 240	0. 236	不平稳
V_2	-2. 983	-4. 380	-3. 600	-3. 240	0. 137	不平稳
$\ln Y$	-0. 148	-4. 380	-3. 600	-3. 240	0. 992	不平稳
DZH	-1. 011	-4. 380	-3. 600	-3. 240	0. 942	不平稳
FW	-1. 545	-4. 380	-3. 600	-3. 240	0. 813	不平稳
SW	1. 037	-3. 750	-3. 000	-2. 630	0. 994	不平稳
TW	-1. 174	-4. 380	-3. 600	-3. 240	0. 915	不平稳
CXL	-2. 556	-3. 750	-3. 000	-2. 630	0. 103	不平稳
R	-2. 506	-3. 750	-3. 000	-2. 630	0. 114	不平稳

续表

变量	ADF	1%临界值	5%临界值	10%	P 值	结论
$D.V_0$	-4.284	-3.750	-3.000	-2.630	0.001	平稳
$D.V_1$	-3.489	-3.750	-3.000	-2.630	0.008	平稳
$D.V_2$	-3.775	-3.750	-3.000	-2.630	0.003	平稳
$D.\ln Y$	-1.480	-2.896	-1.860	-1.397	0.088	平稳
$D.DZH$	-4.279	-3.750	-3.000	-2.630	0.001	平稳
$D.FW$	-3.360	-3.750	-3.000	-2.630	0.012	平稳
$D.SW$	-3.548	-4.380	-3.600	-3.240	0.035	平稳
$D.TW$	-2.827	-3.750	-3.000	-2.630	0.054	平稳
$D.CXL$	-3.799	-3.750	-3.000	-2.630	0.003	平稳
$D.R$	-3.322	-3.750	-3.000	-2.630	0.014	平稳

从表 5-2 所示的检验结果可以看出，$\{V_0, V_1, V_2; \ln Y, DZH, FW, SW, TW, CXL, R\}$都是不平稳的序列，而取一阶差分后的各变量均为平稳序列，即$\{V_0, V_1, V_2; \ln Y, DZH, FW, SW, TW, CXL, R\}$都是一阶单整序列（I（1）序列）。

对于单位根变量的处理方式，通常是对其进行一阶差分，从而得到平稳序列。不过，考虑到原序列与一阶差分后变量的经济含义是不一样的，所以还是倾向于使用原序列进行相关分析。从协整理论可以知道，尽管时间序列各自有不同的波动规律，但是，当它们是同阶单整的时候，则它们之间或许会存在一个长期稳定的比例关系。如果多个单位根变量之间由于某种经济力量而存在“长期均衡关系”（Long-run Equilibrium），则有可能进行这种分析。其基本思想是，如果多个单位根序列拥有“共同的随机趋势”（Common Stochastic Trend），则可以对这些变量作线性组合而消去此随机趋势。通常，协整检验的方法分为两种：其一是基于回归残差进行的协整检验，例如 Engle 与 Granger 提出的 EG 两步法；其二是基于回归系数进行的协整检验，如 Johansen 协整检验。相较于 Johansen 协整检验，EG 两步法的一个缺点是，它不能处理同时存在多个协整关系（即协整秩大于 1）的情形。另外，由于 EG 两步法是分两步进行的，第一步估计的误差会被带到第二步中，故不是最有效的方法。因此，本书采用的是基于回归系数的多变量协整检验，即 Johansen 协整检验。

上述平稳性检验结果表明，各变量取对数后的一阶差分序列均为平稳序列，因此，本书将通过 Johansen 检验以验证这些 I（1）序列之间是否存在协整关系。本书选择第三产业占 GDP 的比重 TW 来衡量产业结构的变化，具体来说，进入协整分析的变量有$\{V_0, V_1, V_2; \ln Y, DZH, TW, CXL, R\}$。

5.3.2.1 现金流通速度与各因素之间的协整关系检验

首先，分析 V_0 与变量$\{\ln Y, DZH, TW, CXL, R\}$之间可能存在的协整关系。相应结果如表 5-3 所示。

表 5-3 有关 V_0 的协整关系检验结果

原假设 协整方程数目	特征值 Eigenvalue	迹统计量 Trace Statistic	迹统计量临界值 5%
没有	.	171.960	82.490
至多 1 个	0.997	66.657	59.460
至多 2 个	0.832	36.315 *	39.890
至多 3 个	0.665	17.689	24.310
至多 4 个	0.445	7.690	12.530
至多 5 个	0.270	2.333	3.840
至多 6 个	0.128	.	.

从表 5-3 中可以看出，V_0 等变量之间在 5%的显著性水平上至多存在两个协整关系。依据经济理论挑选出较为合理的协整关系，根据标准化的协整系数，可以得到如下所示的协整方程①：

$$\hat{V}_0=-29.691+3.122\ln Y+36.037R+0.217DZH+7.269CXL+38.573TW$$

$$(0.521)^{***}\ (9.345)^{***}\ (0.121)^{*}\ \ (2.041)^{***}\ \ (7.517)$$

$$[5.990]\quad [3.860]\quad [1.800]\quad [3.560]\quad [1.530] \qquad (5-1)$$

① 圆括号内的数字是各个估计值的标准差，方括号内的数字是各个估计值的 t 检验值。***、**、*分别表示在 1%、5%以及 10%的统计水平上显著，下同。

式（5-1）给出了变量$\{V_0, \ln Y, DZH, TW, CXL, R\}$之间的长期均衡关系。经检验，上式的残差项是平稳的，这进一步验证了变量$\{V_0, \ln Y, DZH, TW, CXL, R\}$之间协整关系的存在。根据式（5-1）可以看出，在长期，实际收入、利率、货币电子化、储蓄率以及第三产业占比都会使现金流通速度加快。在前文的变量选择部分，我们指出，货币流通速度的利率弹性为正，式（5-1）中利率系数符号为正，符合理论判断。此外，根据前文变量选择部分的相关分析可知，货币流通速度的收入弹性与货币需求的收入弹性有关。具体来说，当货币需求的收入弹性大于1时，货币流通速度的收入弹性为负；当货币需求的收入弹性小于1时，货币流通速度的收入弹性为正。使用本章样本数据对实际现金需求函数进行估计，可以得到相应的现金需求的收入弹性为0.856，且在1%的统计水平上显著，因此，现金流通速度的收入弹性应该为正，而式（5-1）中对数形式的实际收入系数也为正，符合理论预期。储蓄率能够增加现金流通速度的原因在于，储蓄率增加时意味着公众倾向于减少对现金的持有，因而现金流通速度也会随之提高。式（5-1）中第三产业系数为正，说明第三产业所占比重增大会加快现金流通速度，一种可能的解释是，以服务业为主的第三产业受互联网金融发展、货币电子化影响更为显著。相对于第一产业和第二产业，第三产业的支付货币电子化程度更高，因而，第三产业占比的增加将在一定程度上减少流通中的现金，从而加快现金的流通速度。

这里货币电子化能够提高现金流通速度的原因在于，电子货币会在一定程度上取代现金、支票等传统支付媒介，逐步降低流通中现金的比例，在国民收入增长与货币供给保持相对均衡的情况下，这显然会加快现金的流通速度。本书第3章从凯恩斯货币需求理论出发，系统分析了电子货币对交易、投机、预防三大货币需求的影响，从理论层面阐述了电子货币对通货的替代效应。

5.3.2.2　狭义货币流通速度与各因素之间的协整关系检验

其次，分析V_1与变量$\{\ln Y, DZH, TW, CXL, R\}$之间可能存在的协整关系。相应结果如表5-4所示。

表 5-4 有关 V_1 的协整关系检验结果

原假设 协整方程数目	特征值 Eigenvalue	迹统计量 Trace Statistic	迹统计量临界值 5%
没有	.	131.575	94.150
至多 1 个	0.936	84.807	68.520
至多 2 个	0.889	47.357	47.210
至多 3 个	0.758	23.185*	29.680
至多 4 个	0.596	7.739	15.410
至多 5 个	0.354	0.302	3.760
至多 6 个	0.017	.	.

从表 5-4 中可以看出，$\ln V_1$ 等变量之间在 5%的显著性水平上至多存在三个协整关系。依据经济理论挑选出较为合理的协整关系，根据标准化的协整系数，可以得到如下所示的协整方程：

$$\hat{V}_1 = 0.938 - 0.031\ln Y + 11.266R - 0.081DZH - 2.517CXL + 4.929TW$$

$$(0.188) \quad (3.375)^{***} (0.043)^{*} \quad (0.737)^{***} \quad (2.715)^{*}$$

$$[-0.170]\ [3.340]\ [-1.870]\ [-3.410]\ [1.820] \qquad (5-2)$$

从式（5-2）可以看出，在长期方面，利率以及第三产业占比会使狭义货币流通速度加快，而实际收入、货币电子化以及储蓄率会使狭义货币流通速度降低。在式（5-2）中，利率的系数符号为正，同样也符合理论判断，即货币流通速度的利率弹性为正。实际收入系数符号与狭义货币流通速度的收入弹性有关，准确来说，实际收入系数符号取决于狭义货币需求的收入弹性。使用本章样本数据对狭义实际货币需求函数进行估计，得到相应的狭义货币需求的收入弹性为 1.232，且在 1%的统计水平上显著，根据此前的相关分析可知，当货币需求的收入弹性大于 1 时，货币流通速度的收入弹性为负，即货币流通速度随着实际收入的增加而下降。因此，狭义货币流通速度的收入弹性应该为正，而式（5-2）中对数形式的实际收入系数也为正，符合理论预期。此外，式（5-2）中第三产业系数也为正，说明第三产业所占比重增大也会加快狭义货币流通速度。狭义货币流通速度 V_1 与储蓄率负相关似乎与预期不符，因为储蓄率增加会引起广义货币量的增加，活期存款向定期存款转换的过程会使狭义货币流通速度 V_1 提高。对此，一种可能的解释是，在活期存款向定期存款转换的过程中，同时有大量的流通中现金转换为活期存款，而且其相对规模要大于活期存款向定期存款的转换规模，在这种情况下就会出现狭义货币流通速度与储蓄率负相关的现象。

这里货币电子化能够降低狭义货币流通速度的原因在于，替代现金的电子货币在用于支付前一般以活期存款的形式存在于银行系统中，从整体上来看，流通中现金被电子货币取代之后基本都转化为活期存款。在存款货币创造过程中，这部分进入银行系统的活期存款将参与进来，从而对存款总量产生进一步的扩大作用。在其他条件不变的情况下，由于狭义货币 M_1 的扩大，狭义货币流通速度 V_1 就会下降。本书第 4 章从货币供给创造机制出发，分析了电子货币对通货的替代效应如何进一步影响货币供给，阐明了电子货币对货币供给的这一放大作用。周光友（2006）认为电子货币对传统货币的替代具有替代加速和替代转化这两种替代效应，若以其理论来看，我国货币电子化进程仍处在初级阶段，电子货币对传统货币的替代仍然处在现金替代阶段（替代加速），而其对狭义货币的替代则仍以转化效应为主（替代转化）。

5.3.2.3 广义货币流通速度与各因素之间的协整关系检验

最后，分析 V_2 与变量{ln*Y*，*DZH*，*TW*，*CXL*，*R*}之间可能存在的协整关系。相应结果如表 5-5 所示。

表 5-5 有关 V_2 的协整关系检验结果

原假设 协整方程数目	特征值 Eigenvalue	迹统计量 Trace Statistic	迹统计量临界值 5%
没有	.	132.606	94.150
至多 1 个	0.951	81.302	68.520
至多 2 个	0.854	48.550	47.210
至多 3 个	0.693	28.424*	29.680
至多 4 个	0.607	12.546	15.410
至多 5 个	0.445	2.514	3.760
至多 6 个	0.137	.	.

从表 5-5 中可以看出，V_2 等变量之间在 5%的显著性水平上至多存在三个协整关系。依据经济理论挑选出较为合理的协整关系，根据标准化的协整系数，可以得到如下所示的协整方程：

$$\hat{V}_2 = 1.858 - 0.045\ln Y + 1.499R - 0.011DZH - 0.596CXL - 0.627TW$$

$$(0.022)^{*} \quad (0.399)^{***} \quad (0.005)^{*} (0.087)^{***} \quad (0.321)^{*}$$

$$[-2.050] \; [3.750] \; [-2.080] \quad [-6.820] \quad [-1.950] \qquad (5-3)$$

根据式（5-3）可以看出，在长期方面，实际收入、货币电子化、储蓄率以及第三产业占比会使广义货币流通速度 V_2 降低，只有利率这一个变量会使广义货币流通速度上升。广义货币流通速度 V_2 与利率水平正相关，这同样符合理论判断，即货币流通速度的利率弹性为正。广义货币流通速度 V_2 与储蓄率负相关也不难理解，储蓄率增加会直接导致广义货币量的增加，从而降低货币流通速度。使用本章样本数据对广义实际货币需求函数进行估计，得到相应的广义货币需求的收入弹性为 1.405，且在 1%的统计水平上显著，而此处广义货币流通速度 V_2 与实际收入负相关的原因就在于广义货币需求的收入弹性大于 1。尽管实际收入上升可以直接推动货币流通速度上升，但是实际收入上升也会通过增加货币需求而导致货币流通速度的下降，前者要慢于后者，从而导致广义货币流通速度整体上的下降。式(5-3)中第三产业系数为负，说明第三产业所占比重增大也会降低广义货币流通速度 V_2。根据前文变量选择部分的相关分析可知，货币流通速度会受到产业结构调整的影响，从单位产业增加值所依赖的货币量来看，第三产业所依赖的货币量要多于第一产业或者第二产业。即使在各产业货币流通速度保持稳定不变的情况下，产业结构的变动也会改变整个经济的货币流通速度。简单来讲，三大产业分别为农业、工业、服务业，其中，作为服务业的第三产业主要是指交通运输业、通信产业、商业、餐饮业、金融业、教育产业、公共服务等非物质生产部门，这些部门均需要大量货币进行运营，因此，第三产业占比的上升使得货币流通速度下降。

总体而言，电子货币会改变不同层次的货币结构，模糊货币层次的划分，对 M_0、M_1 和 M_2 的流通速度产生不同的影响。具体来说，电子货币的替代作用目前主要发生在现金层面，电子货币的这一替代效应造成现金流通速度的提高，而在狭义货币层面和广义货币层面，电子货币更多地体现为转化作用，即使货币向更高层次转化，反映在数据分析结果中表现为，电子货币会在一定程度上降低狭义货币流通速度和广义货币流通速度。可以预见的是，随着互联网金融、电子支付方式的进一步发展以及经济稳定化程度的进一步提高，Bordo 和 Jonung（1981，1987）所总结的货币流通速度变化 U 型特征也将出现在我国狭义货币和广义货币层面上。

5.4 本章小结

货币流通速度是现代经济学中重要的宏观变量，其影响因素有很多，国内外学者在探寻货币流通速度的影响因素以及在解释货币流通速度变动趋势的过程中，从不同角度进行了考察和研究，并得出了许多有价值的研究成果。在诸多影响货币流通速度的因素中，电子货币应是一个不可忽视的因素，尤其是在当前互联网金融、电子支付蓬勃发展，我国货币电子化进程不断深入的新经济环境下，对电子货币这一因素进行考察和分析更加必要。本书通过对我国电子货币与货币流通速度进行实证分析，结果发现电子货币与货币流通速度有着显著的相关关系。具体来说，本书通过对 1997~2017 年的相关数据进行实证分析，重点考察电子货币与三个不同层次货币流通速度之间的长期关系，发现电子货币对现金流通速度 V_0、狭义货币流通速度 V_1 以及广义货币流通速度 V_2 均有不同程度的影响。从数值上来看，电子货币对现金流通速度 V_0 的影响效应最大，其次是狭义货币流通速度 V_1，最后是广义货币流通速度 V_2。从方向上来看，电子货币对现金流通速度具有正向影响，即电子货币会加快现金流通速度，而电子货币对狭义货币和广义货币流通速度则具有负向影响，即电子货币会减缓狭义货币和广义货币流通速度。由此可见，电子货币的替代作用目前主要发生在现金层面，而在狭义货币层面和广义货币层面，电子货币更多地体现为转化作用，即使货币向更高层次转化。此外，现金流通速度 V_0 大致经历了先下降后上升的过程，呈现出明显的U型特征，“金卡工程”实施的1993年是 V_0 变化趋势的拐点，数据显示现金流通速度在1993年之前呈现出逐渐下降的趋势，在1993年之后则呈上升趋势。而狭义货币以及广义货币流通速度一直处于下降阶段，尚未出现上升拐点。

货币流通速度是影响货币政策有效性的一个重要因素，因而电子货币对货币流通速度变化趋势造成的影响也必然会影响到央行货币政策的执行效力。央行在制定和实施货币政策时，要充分考虑到电子货币对货币流通速度的影响效应。在货币政策调控工具未发生转变之前，应该加强对电子货币的统计与监测，从而准确把握货币电子化新环境下的货币流通速度，为货币政策和宏观调控提供决策依据，提高货币政策和宏观调控的有效性。需要说明的是，本章针对三个不同层次货币流通速度的实证结论是基于现有货币层次划分标准进行检验而得来的，而从前两章分析电子货币对流通中现金、货币乘数以及基础货币的影响效应可知，货币电子化已经使货币层次间的界限趋于模糊，电子货币会导致现金、狭义货币、广义货币之间的转换加快，使得不同层次的货币量变得难以准确统计。因此，在进行实证分析时，利用现行统计口径计算出的不同层次货币量所得出的结果与真实情况之间必然会存在一定程度的偏差。在当前电子货币使用规模不断扩大、货币电子化进程不断深入的背景下，央行应该根据这一现实情况修正以往对货币层次的划分，从而对不同层次货币流通速度的变化情况进行更加准确的把握。

6 互联网金融创新、货币电子化对央行货币政策的影响

第3章和第4章主要是讨论互联网金融发展、货币电子化对货币供需的影响效应，本章在这个基础上将互联网金融创新、货币电子化因素纳入包括实体经济的总供需分析，整合成IS-LM-BP-AS模型，对传统模型进行修正，在修正后的模型基础上，从全局均衡的角度探讨货币电子化下的货币政策效应。这里之所以引入BP曲线（Balance of Payments，国际收支平衡）是因为目前大多数经济体实际上都是开放的，完全封闭的经济体几乎没有。在这种现实情况下，封闭经济分析模型IS-LM-AS（也即AD-AS模型）已经不再适用，因此，本章采取IS-LM-BP-AS模型进行相关政策分析，在整合后的模型基础上分析互联网金融创新、货币电子化对货币政策的影响。

此外，政策的制定者和实施者仅根据货币政策执行后是否会引起经济变动来评估政策的优劣（定性分析）是不够的，还必须兼顾到实施该政策的效率问题（定量分析）。本章实证部分采用随机前沿模型分析了货币电子化将会在多大程度上影响我国货币政策的有效性，即对电子货币影响央行运用货币政策实现宏观经济目标的效率性进行实证分析。由于我国货币政策的最终目标是“以物价稳定为前提，促进经济增长”，因此，本章主要从产出效应和价格效应两个方面分析互联网金融创新、货币电子化等因素对货币政策有效性以及效率性的影响。

6.1 引言

互联网金融以及电子支付技术的发展逐渐改变了社会对融资的需求和供给形式，加速了“金融脱媒”、利率市场化的进程。电子货币作为支付媒介一方面在信息流、资金流、物流的融合中扮演着重要角色，另一方面在履行网络经济下的新型货币职能中对互联网金融的快速发展起到了极大的促进作用。与此同时，电子货币也对流通中的现金产生了显著的替代效应，银行系统传统的现金支付结算也大规模地被电子支付清算替代。

前几章主要从货币需求、货币供给等具体面向出发，考察互联网金融、货币电子化对货币政策的影响，本章将在前几章分析的基础上将互联网金融创新、货币电子化因素纳入包括实体经济的总供需分析，整合形成 IS-LM-BP-AS 模型，在该模型基础上分析互联网金融创新、货币电子化对货币政策的影响。在实证分析部分，本章以 1997~2017 年的季度数据为样本，采用超越函数的随机前沿分析方法考察了货币电子化将会在多大程度上影响我国货币政策的有效性，即对电子货币影响央行运用货币政策实现宏观经济目标的效率性进行实证分析。在使用随机前沿模型考察政策有效性方面，王智强（2010）以 1993~2009 年的季度数据为样本进行实证分析，发现我国的财政政策和货币政策效率都比较低，但作者并未从根本上探究政策效率不高的原因。程贵等（2016）以 1998~2014 年的季度数据为样本，采用超越函数的随机前沿分析方法估计了我国货币政策的效率水平，发现我国货币政策效率总体水平并不高，货币政策的调控效力并未得到有效发挥，政策的预设目标与实际效果之间存在较大差距，但作者同样也未能对政策效率不高的原因进行研究。

由于我国货币政策的最终目标是“以物价稳定为前提，促进经济增长”，因此，本章主要是从产出效应和价格效应两个方面分析互联网金融创新、货币电子化等因素对货币政策有效性及效率性的影响。需要说明的是，货币政策效应通常包括程度和时滞两个层面，本书对货币政策的有效性及效率性分析暂未考虑时滞问题，重点在作用程度上进行考量。

6.2 互联网金融创新、货币电子化对货币政策有效性的影响

货币电子化是技术进步的产物，这种技术进步不仅仅只是改变了货币的形式，同时也对央行货币政策产生了一定的影响。货币政策有效性和货币政策效率性是与货币政策有关的两个重要方面。其中，货币政策的有效性是指货币政策的实施是否能够引起经济的变动，而货币政策的效率性是建立在有效性的基础之上的，是指货币政策工具作用于最终目标的程度和时滞。在考察互联网金融创新、货币电子化与货币政策有效性及效率性之间的关系时，本书参考 Karras（1999）和 Berument 等（2007）的衡量视角，主要从产出效应和价格效应两个维度出发进行评估。本节主要从理论层面分析互联网金融创新、货币电子化对货币政策有效性的影响，下一节将从实证层面分析货币电子化对货币政策效率性的影响。需要说明的是，货币政策效应通常包括程度和时滞两个层面，而本书对货币政策的有效性及效率性分析暂未考虑时滞问题，仅在作用程度上进行考量。

在进行正式分析之前，首先需要构建相应的理论模型。在开放经济中，研究互联网金融、货币电子化等金融创新对经济的影响时，不仅要考虑对内均衡，还要考虑对外均衡，这里的对外均衡是指国际收支达到平衡。当代表产品市场均衡的 IS 曲线、代表货币市场均衡的 LM 曲线以及代表国际收支平衡的 BP 曲线三者相遇时，内部均衡和外部均衡同时得以实现。IS-LM-BP 为开放经济下的总需求 AD，要考虑物价的稳定，有必要加入总供给 AS，只有这样才能求得均衡下的物价、产出等变量。因此，本书这部分通过构建相应的 IS-LM-BP-AS 模型，将互

联网金融发展、货币电子化因素融入其中，对传统模型进行修正，在修正后的模型基础上分析互联网金融发展、货币电子化对货币政策的影响效应。

6.2.1　IS 曲线

IS 曲线反映的是实体经济领域的均衡，代表的是产品与服务市场的均衡情况。IS 方程由国民收入恒等式导出，假设国内和国外经济体都只产生一种商品，令 NX 表示净出口，则开放经济的国民收入恒等式为：

$$Y=C(Y,\ i)+I(Y,\ i,\ E)+NX\left(\frac{SP^*}{P},\ Y\right) \tag{6-1}$$

其中，Y 代表的是产出，消费 C 和投资 I 与产出（收入）Y 正相关、与利率 i 负相关。S 是名义汇率，表示外汇的国内价格或者说一单位外币的本币价格，S 增加意味着本币贬值，因为此时换取一单位外币所花费的本币更多了。NX 是本国向外国的出口减去从外国的进口。这里之所以不考虑政府部门是因为本书的研究重点在于货币政策，因此，与财政政策关系更为直接的政府部门暂时被忽略掉。与以往 IS 曲线不同的是，式（6-1）中投资还与货币电子化指标 E 有关，其原因主要来自以下两方面：其一，互联网金融在一定程度上降低了资金供需双方的信息不对称程度，从而便利了资金供给和需求的主体；其二，互联网金融尤其是网络借贷、众筹融资、大数据金融等模式增加了投资者获取资金的渠道。这两方面的作用都对投资具有积极的促进作用，下文将对此进行详细说明。

考虑到本书所设定的国际收支方程的具体形式，我们将国外产出变量也纳入式（6-1）所示的 IS 方程。此外，如果将互联网金融发展对 IS 曲线的影响考虑进来，仍然用 E 表示互联网金融发展及货币电子化进程，则可以得到如下所示的 IS 方程的对数线性化形式：

$$y=\tau(s+p^*-p)-\phi\cdot i+\xi\cdot e+\delta y^* \tag{6-2}$$

其中，参数 $\tau>0$，$\phi>0$，$\xi>0$，$\delta>0$。与以往的 IS 曲线一样，这里的 IS 曲线斜率为负，只不过此时的 IS 曲线会随着货币电子化程度的不同而移动。另外，较高的实际汇率和较高的国外产出也会使得 IS 曲线向右平移。

对于加入互联网金融发展、货币电子化因素之后的IS曲线形式，我们可以从以下两个角度予以解释：

其一，新古典模型假设，如果企业愿意支付资本的成本，金融市场会提供可以得到的资金。但企业有时面临筹资制约①（Financing Constraints）——对其可能在金融市场上筹集到的资金数额的限制。筹资制约会使企业不能进行可以盈利的投资。银行在配置金融资源方面起着重要作用：它在那些想把收入储蓄起来的人和那些有盈利的投资项目但需要借贷投资的人之间起着中介作用。但在实际当中，由于信用环节没有完善起来，筹资制约现象相当普遍，许多中小企业得不到银行等金融机构的贷款支持，一些投资者被迫放弃一些潜在盈利的投资项目。在互联网金融出现以前，我国中小企业发展过程中遇到的“融资难、融资贵”问题尤为凸显，前者指难以得到贷款，后者指贷款利率太高。相较于资金雄厚、实力强大的大型企业，中小企业无论是在融资渠道、融资成本还是信贷支持方面都存在劣势。中小企业向银行融资的成本很高又难以融资贷款的原因之一是中小企业的高风险特点与银行稳健性原则相矛盾。具体来说，可以从交易成本、信息不对称等角度来分析银行等金融机构在面对中小企业时的惜贷行为。由于信息的不完全和不对称，作为借款方的中小企业具备信息优势，而作为贷款方的金融机构很难获得有关借款人的全部信息，或者需要付出很高的成本才能够收集及鉴别这些信息。

其二，互联网金融尤其是网络借贷、众筹融资、大数据金融等模式增加了投资者获取资金的渠道。此外，互联网技术、大数据分析技术以及区块链技术极大地促进了信用环境的建设②，对中小企业的融资行为提供了支持。与此同时，网络借贷、众筹融资等互联网金融模式也给银行等金融机构带来了压力，促使其积

① 筹资制约的提高有时被称为信贷紧缩（Credit Crunch），我们可以用IS-LM模型来解释信贷紧缩的短期效应。当一些可能的投资者被拒绝信贷之后，在每一利率上的投资品需求将会减少，结果是IS曲线的紧缩性移动，这又引起总需求、生产和就业的减少。

② 在信用体系建设方面，互联网技术、大数据分析技术以及区块链技术把各类信息统一起来，有助于建立完善的信用体系。只有完善的信用体系才能真正使中小企业根据其信用获得相应的金融服务，也才能使不同类别、不同信用等级的企业根据其信用进行定价。

极开拓高利率业务，并逐渐放开了对毛利率较高的中小企业的各种贷款限制条件。互联网金融在一定程度上降低了资金供需双方的信息不对称程度，从而便利了资金供给和需求的主体。此外，根据自身掌控的客户信用状况、抗风险能力等对客户进行定价，银行在推进利率市场化方面也起到了积极的促进作用，互联网金融在一定程度上提高了资金市场的有效性①。

综上所述，加入互联网金融发展、货币电子化因素的IS曲线也会随着货币电子化程度的不同而移动。

6.2.2 LM曲线

6.2.2.1 货币需求方程

同样用E表示互联网金融发展及货币电子化程度，根据第3章有关互联网金融发展、货币电子化对货币需求影响情况的相关分析，货币需求函数可以设定为：

$$M^d = P \cdot L(Y,\ i,\ E) \tag{6-3}$$

其中，$L(Y,\ i,\ E)$的值会随着利率i的上升而减少，随着产出（收入）Y的上升而增加，随着货币电子化程度E的上升而减少。根据第3章有关互联网金融发展、货币电子化对货币需求影响情况的相关分析可知，随着互联网金融发展以及货币电子化进程的深入，交易成本的下降，交易效率日益提高，从而对货币的需求量减少。具体来说，互联网金融的发展使得金融资产种类增多，并且资产之间转换的方便程度提高，这些都在一定程度上减少了交易成本，降低了用于交易的货币量。

6.2.2.2 货币供给方程

货币供给模型可以表示为$M = K \cdot H$，其中，H为基础货币，K为货币乘数，

① 信息能否反映在资产价格中是衡量市场是否有效的标志之一，同时互联网金融在云计算等技术的强有力保障下，资金供求双方的重要信息就通过广泛的社交网络生成和传递，这些信息又不断地被搜索引擎排序和甄别，并最终形成在数理分析中连续动态变化的信息时间序列，进而就可以获得资金需求个体的不同风险定价状态，产生金融活动可交易的信息平台。互联网金融便利了风险等因素在资金价格中的反映，从而提高了资金市场的有效性。

具体来说，$K=\dfrac{C+D}{C+R}=\dfrac{1+C/D}{C/D+R/D}$。由此可以看出，决定货币供给的是三个因素：$H$、$C/D$、$R/D$。其中，$H$ 是基础货币；C/D 是通货存款比率，是流通中现金与存款货币之比；R/D 是存款准备金率，是准备金与存款货币之比。这三个因素分别可以归为中央银行行为、私人行为、商业银行行为。事实上，三方面的行为对这三个因素的作用是交叉的，即货币供给由私人行为、商业银行行为和中央银行行为共同决定。同样，这里我们将中央银行对于货币供给的调节作用限定在对基础货币 H 的影响上，而公众主要通过决定持有现金的比例（通货存款比率）来影响货币乘数进而影响货币供给。仍然用 E 表示互联网金融发展及货币电子化程度，据此我们将货币供给方程设定为：

$$M^s=K(E)\cdot H \tag{6-4}$$

其中，H 为基础货币，$K(E)$ 为货币乘数，表示货币电子化因素对货币供给的放大作用，并且 $K(E)>0$，$K'(E)>0$，在第 4 章货币电子化对货币供给的影响机制分析中我们对此已经做过详细说明，具体而言就是电子货币对流通中现金的替代会引起通货存款比率的下降，而通货存款比率的下降会增加货币乘数，放大货币供给量。同样，根据第 4 章有关电子货币替代对基础货币的分析结论可知，电子货币只会改变基础货币的内部构成，而对基础货币总量没有影响，因此，式（6-4）中的基础货币 H 与电子货币 E 无关。

LM 曲线反映的是货币市场均衡。当货币需求等于货币供给时，货币市场达到均衡状态。因此，加入互联网金融发展、货币电子化因素的 LM 曲线可以表示为：

$$K(E)\cdot H=P\cdot L(Y,\ i,\ E) \tag{6-5}$$

LM 曲线式（6-5）的对数线性化形式如下：

$$\kappa\cdot e+h=p+\alpha\cdot y-\beta\cdot i-\gamma\cdot e \tag{6-6}$$

其中，$\alpha>0$ 为货币需求的收入弹性，$-\beta<0$ 为货币需求的利率半弹性。与以往的 LM 曲线一样，这里的 LM 曲线斜率为正，只不过此时的 LM 曲线也会随着货币电子化程度的不同而移动。

6.2.3 BP 曲线

在开放经济中，为了将对外部门考虑进来，在弹性汇率制度下，引入外汇供需等式（或称为 BP 方程）。相应的外汇收支等式可以写成：

$$NX_t + KI_t = 0 \tag{6-7}$$

其中，$NX_t = NX_t\left(\frac{S_t P_t^*}{P_t}, Y_t, Y_t^*\right)$ 是以本币表示的经常账户余额，$KI_t = KI_t(i_t - i_t^* - \hat{s}_t)$ 是以本币表示的净资本流入，i_t 和 i_t^* 分别为国内名义利率和国外名义利率。较高的国内利率将会抑制国内投资者贷款给国外，并鼓励国外投资者贷款给国内，因此，资本净流入与国内利率 i_t 正相关。为简化分析起见，假设预期为静态预期，则汇率的预期变化率为零，即 $\hat{s}=0$，从而，$KI_t = KI_t(i_t - i_t^*)$。

出口与实际汇率及国外产出（世界产出）y_t^* 均正相关，进口与实际汇率负相关、与国内产出 y 正相关。本国持有的外国资产净额（本国所持有的外国资产减去外国所持有的本国资产）取决于以本国货币表示的本国和外国资产的相对回报率——投资组合平衡决策。我们可以用如下所示的对数线性模型来近似表示式（6-7）所示的 BP 方程：

$$\vartheta(s + p^* - p) - \rho y + \eta y^* + \mu(i - i^*) = 0 \tag{6-8}$$

其中，p 和 p^* 分别是国内物价水平和国外物价水平的对数形式，y 和 y^* 分别是国内产出和国外产出（世界产出）的对数形式，i 和 i^* 分别是国内名义利率和国外名义利率，s 是名义汇率的对数形式。$(i-i^*)$ 这一项表示相对收益率对外国资产净流入的影响，其中，$\mu>0$ 反映的是本国资产和外国资产之间的替代情况。如果本国资产和外国资产是不完全替代品，则 $0<\mu<\infty$[①]。$\vartheta>0$ 反映的是本国产品和外国产品的替代程度，如果本国和外国的产品是完全替代品，则 $\vartheta\to\infty$，如果本

---

① 如果本国资产和外国资产是完全替代品，则 $\mu=\infty$。在这种情况下，国际收支方程简化为无抛补利率平价 UIP（Uncovered Interest Parity）。因为 $\lim_{\mu\to\infty}(i-i^*-\hat{s}) = \lim_{\mu\to\infty}\frac{1}{\mu}[\vartheta(s+p^*-p)-\rho y+\eta y^*-\Delta f]=0$，从而有 $i=i^*+\hat{s}$ 成立。

国产品和外国产品是不完全替代品，则 $0<\vartheta<\infty$ 。

6.2.4 理论分析

结合第6.2.1小节所构造的IS曲线、第6.2.2小节所构造的LM曲线以及第6.2.3小节所构造的BP曲线，加入互联网金融发展、货币电子化因素的IS-LM-BP模型可以用如下所示的方程组来表示：

$$y=\tau(s+p^*-p)-\phi \cdot i+\xi \cdot e+\delta y^* \tag{6-9}$$

$$\kappa \cdot e+h=p+\alpha \cdot y-\beta \cdot i-\gamma \cdot e \tag{6-10}$$

$$0=\vartheta(s+p^*-p)-\rho y+\eta y^*+\mu(i-i^*) \tag{6-11}$$

基于这个IS-LM-BP模型可以进行相应的政策分析，以下将按照变量调整速度快慢的不同分成三种情况分别进行讨论。

Case 1：价格和产出均不变的情形。

这种情况是价格和产出都固定不变的极短期情形。因为汇率和利率的调整比产出和价格的调整要快得多，所以我们将产出 y 和价格 p 设定为外生给定，此时这个IS-LM-BP模型可以用来决定汇率 s 和利率 i，其中 m、y、p、e 以及 i^*、y^* 均为外生给定。此时，货币市场和外汇市场通过利率 i 和汇率 s 的调整达到平衡状态。图6-1所示为在价格 p 和产出 y 都固定不变时，把LM曲线和BP曲线结合起来以确定极短期均衡点。在LM曲线和BP曲线相交之点 E 处，货币市场（LM曲线）和外汇市场（BP曲线）同时达到均衡。

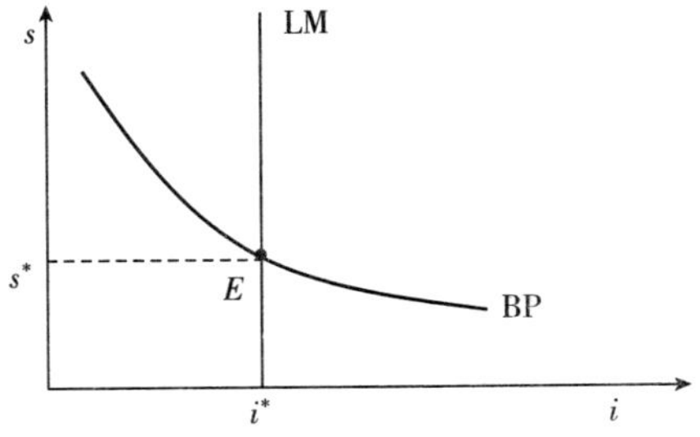

图6-1　价格和产出均不变情形下的极短期均衡

从 LM 方程式（6-10）中可以得到利率 i 的表达式，即为产出 y 和价格 p 设定为外生给定情况下货币市场均衡的利率：

$$i=\frac{\alpha}{\beta}y+\frac{1}{\beta}p-\frac{\gamma}{\beta}e-\frac{1}{\beta}[\kappa\cdot e+h] \tag{6-12}$$

其中，参数 $\alpha>0$，$\beta>0$，$\gamma>0$。产出增加会使实际货币余额需求量增加，在货币供给不变的情况下，利率有上升的压力，反映在式(6-12)中表现为 y 前面的系数$\frac{\alpha}{\beta}>0$。价格增加会使得实际货币余额供给减少，从而使得利率有上升的压力，反映在式(6-12)中表现为 p 前面的系数$\frac{1}{\beta}>0$。货币供给增加会使 LM 曲线向下移动，从而使得利率下降，反映在式（6-12）中表现为$[\kappa\cdot e+h]$前面的系数$-\frac{1}{\beta}<0$。货币电子化也会降低利率，其作用来自货币需求和货币供给两方面。具体来说，一方面电子货币会对通货产生替代作用，从而减少货币需求，另一方面电子货币替代效应又会增加货币供给，这两方面的因素使得利率有下降压力，本书在第 3 章和第 4 章对货币电子化影响货币供需已经做了详细的分析，这里不再赘述。

将式（6-12）的货币市场均衡利率代入 BP 曲线式（6-11）中可以得到汇率 s，即产出 y 和价格 p 设定为给定情况下货币市场与外汇市场均衡下的汇率：

$$s=-\frac{\eta}{\vartheta}y^{*}+\frac{\beta\rho-\alpha\mu}{\beta\vartheta}y+\frac{\mu}{\vartheta}i^{*}+\frac{\gamma\mu}{\beta\vartheta}e+\frac{\mu}{\beta\vartheta}[\kappa\cdot e+h]+\left(1-\frac{\mu}{\beta\vartheta}\right)p-p^{*} \tag{6-13}$$

其中，参数 $\vartheta>0$，$\eta>0$，$\rho>0$，$\mu>0$，$\alpha>0$，$\beta>0$，$\gamma>0$。国外产出 y^{*} 增加会引起对本国产品需求增加，并增加对本币的需求，从而使得本币有升值压力，反映在式(6-13)中表现为 y^{*} 前面的系数$-\frac{\eta}{\vartheta}<0$。国外利率上升将引起资本流出，从而使得本币有贬值压力，反映在式(6-13)中表现为 i^{*} 前面的系数$\frac{\mu}{\vartheta}>0$。国外价格上涨将引起对国内产品需求增加，并增加对本币的需求，从而使得本币有升值压力，反映在式(6-13)中表现为p^*前面的负号上。货币供给增加会使本币贬值，反映在式(6-13)中表现为$[\kappa\cdot e+h]$前面的系数$\frac{\mu}{\beta\vartheta}>0$。由于式(6-13)中，产出的系数$\frac{\beta\rho-\alpha\mu}{\beta\vartheta}$和价格的系数$\left(1-\frac{\mu}{\beta\vartheta}\right)$难以从直观上判断其正负号，因此不能确定其对汇率的影响方向，需要分情况进行分析。

首先是产出变化对均衡汇率影响方向的分析，这里我们结合图6-1进行说明：从LM曲线方程式（6-10）可以得出$\frac{\partial i}{\partial y}=\frac{\alpha}{\beta}$，其中，$\alpha>0$为货币需求的收入弹性，$-\beta<0$为货币需求的利率半弹性，因此$\frac{\partial i}{\partial y}>0$，这意味着图6-1中的LM曲线将向右平移。从BP曲线方程式（6-11）可以得出$\frac{\partial s}{\partial y}=\frac{\rho}{\vartheta}$和$\frac{\partial i}{\partial y}=\frac{\rho}{\mu}$，且二者均为正值，这意味着图6-1中的BP曲线也将向右平移。LM曲线和BP曲线相交时所达到的汇率为均衡汇率，相较于产出增加前的汇率值，均衡汇率是增加（贬值）还是减少（升值）取决于产出对LM曲线（货币市场）和BP曲线（外汇市场）的影响何者更大。如果产出对LM曲线（货币市场）的影响大于其对BP曲线（外汇市场）的影响，则$\frac{\partial i}{\partial y}\mid_{LM}>\frac{\partial i}{\partial y}\mid_{BP}$，即$\frac{\alpha}{\beta}>\frac{\rho}{\mu}$，或者等价的，$\alpha\mu>\rho\beta$。此时，式(6-13)中产出的系数$\frac{\beta\rho-\alpha\mu}{\beta\vartheta}<0$，这意味着产出增加将引起汇率升值，在这种情况下，产出增加所引起的均衡点移动如图6-2所示，其中，E_1是产出增加前的均衡点，E_2是产出增加后的均衡点，可以看到，E_2对应的汇率值小于E_1对应的汇率值，即汇率升值。如果产出对LM曲线（货币市场）的影响小于其对BP曲线（外汇市场）的影响，则$\frac{\partial i}{\partial y}\mid_{LM}<\frac{\partial i}{\partial y}\mid_{BP}$，即$\frac{\alpha}{\beta}<\frac{\rho}{\mu}$，或者等价的，$\alpha\mu<\rho\beta$。此时，式(6-13)中产出的系数$\frac{\beta\rho-\alpha\mu}{\beta\vartheta}>0$，这意味着产出增加将引起汇率贬值，这种情况下，产出增加所引起的均衡点移动如图6-3所示，同样，E_1是产出增加前的均衡点，E_2 是产出增加后的均衡点，可以看到，E_2 对应的汇率值大于 E_1 对应的汇率值，即汇率贬值。

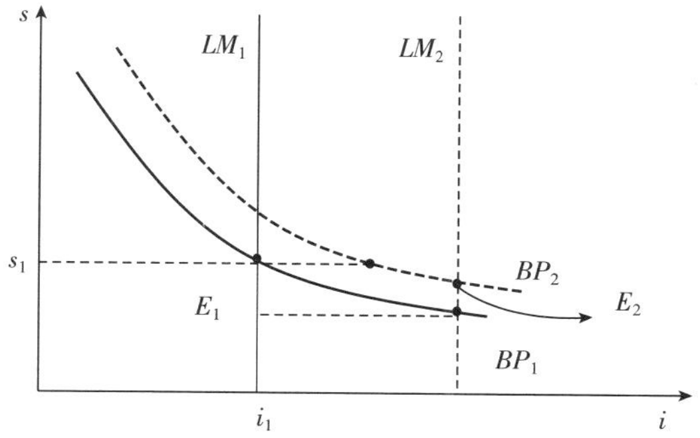

图 6-2　产出增加所引起的均衡点变动（对 LM 影响大于对 BP 影响）

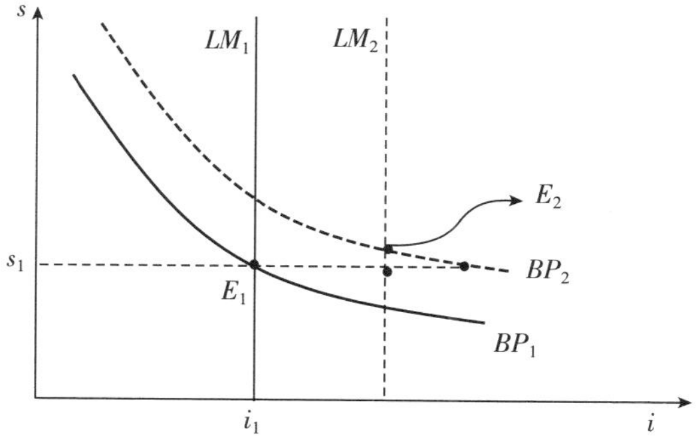

图 6-3　产出增加所引起的均衡点变动（对 LM 影响小于对 BP 影响）

其次是价格变化对均衡汇率影响方向的分析，为了使分析更加直观明了，这里我们仍然结合图 6-1 进行说明：从 LM 曲线方程式（6-10）中可以得出$\frac{\partial i}{\partial p}=\frac{1}{\beta}$，$\beta>0$，因此，$\frac{\partial i}{\partial p}>0$，这意味着图 6-1 中的 LM 曲线将向右平移。从 BP 曲线方程式（6-11）中可以得出$\frac{\partial s}{\partial p}=1$ 和$\frac{\partial i}{\partial p}=\frac{\vartheta}{\mu}$，且二者均为正值，这意味着图 6-1

中的 BP 曲线也将向右平移。LM 曲线和 BP 曲线相交时所达到的汇率为均衡汇率，相较于价格增加前的汇率值，均衡汇率是增加（贬值）还是减少（升值）取决于价格对 LM 曲线（货币市场）和 BP 曲线（外汇市场）的影响何者更大。如果价格变化对 LM 曲线（货币市场）的影响大于其对 BP 曲线（外汇市场）的影响，则$\frac{\partial i}{\partial p}\mid_{LM}>\frac{\partial i}{\partial p}\mid_{BP}$，即$\frac{1}{\beta}>\frac{\vartheta}{\mu}$，或者等价的，$\mu>\beta\vartheta$。此时，式(6-13)中价格的系数$\left(1-\frac{\mu}{\beta\vartheta}\right)<0$，这意味着价格上涨将引起汇率升值。如果价格对 LM 曲线（货币市场）的影响小于其对 BP 曲线（外汇市场）的影响，则$\frac{\partial i}{\partial p}\mid_{LM}<\frac{\partial i}{\partial p}\mid_{BP}$，即$\frac{1}{\beta}<\frac{\vartheta}{\mu}$，或者等价的，$\mu<\beta\vartheta$。此时，式(6-13)中产出的系数$\left(1-\frac{\mu}{\beta\vartheta}\right)>0$，这意味着价格上涨将引起汇率贬值。以图形进行的说明与此前类似，这里不再赘述。

此外，从式(6-12)中可以看出，扩张性货币政策($\Delta h>0$)会降低国内利率($\Delta i<0$)，反映在式(6-12)中表现为基础货币 h 前面的系数$-\frac{1}{\beta}<0$。而货币电子化的存在会放大货币扩张对利率造成的这种影响，即使利率进一步降低，原因之一在于电子货币对通货的替代效应会降低通货存款比率，从而对货币乘数产生放大作用，即使基础货币保持不变，因为电子货币对货币乘数的这一放大作用，使得相同的基础货币派生出比以往更多的货币供应量，从而对利率也产生更大的影响，反映在式(6-12)中表现为货币乘数 $\kappa\cdot e$ 前面的系数$-\frac{1}{\beta}<0$；原因之二在于随着互联网金融发展以及货币电子化进程的深入，交易效率提高、交易成本下降，从而对货币的需求量减少，反映在式(6-12)中表现为$-\frac{\gamma}{\beta}e$ 这一项的存在，电子货币 e 的系数$-\frac{\gamma}{\beta}<0$。从式(6-13)中可以看出，扩张性货币政策($\Delta h>0$)将造成本币贬值，反映在式(6-13)中表现为基础货币 h 前面的系数$\frac{\mu}{\beta\vartheta}>0$。同样，由于货币电子化因素的存在以及其在货币供给和货币需求方面的影响，货币扩张对汇率的影响效应也会被放大，即使汇率进一步贬值，反映在式(6-13)中表现为$\kappa \cdot e$和e这两项的存在，其系数分别为$\frac{\mu}{\beta\vartheta}>0$和$\frac{\gamma\mu}{\beta\vartheta}>0$。

Case 2：价格固定、产出可变的情形。

这种情况是价格固定不变而产出可变的短期情形。将价格p设定为外生给定，此时这个IS-LM-BP模型可以用来决定汇率s、利率i以及产出y，其中m、p、e以及i^*均为外生给定。图6-4所示为在价格固定不变而产出可变时，把IS曲线、LM曲线、BP曲线结合起来以确定短期均衡点。

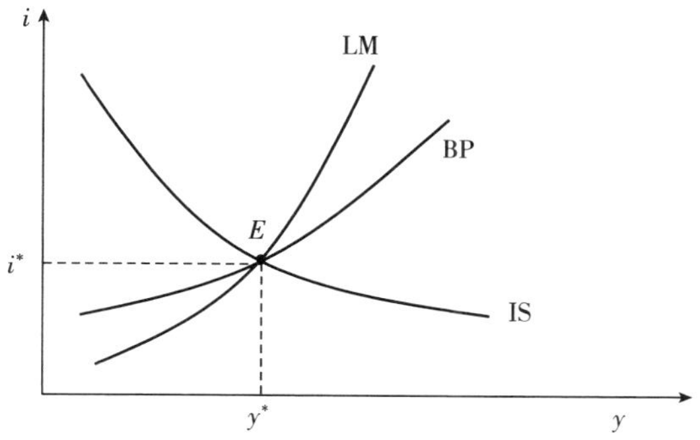

图6-4　价格固定和产出可变情形下的短期均衡

通过联立IS曲线式（6-9）、LM曲线式（6-10）以及BP曲线式（6-11），可以解出价格固定不变而产出可变的短期情形下的汇率s、利率i以及产出y均衡值，即图6-4中的均衡点E处汇率s、利率i以及产出y的相应值：

$$y=\frac{\beta(\delta\vartheta-\eta\tau)}{(\alpha\mu-\beta\rho)\tau+(\beta+\alpha\phi)\vartheta}y^*+\frac{\mu\tau+\phi\vartheta}{(\alpha\mu-\beta\rho)\tau+(\beta+\alpha\phi)\vartheta}[\kappa\cdot e+h]-\frac{\mu\tau+\phi\vartheta}{(\alpha\mu-\beta\rho)\tau+(\beta+\alpha\phi)\vartheta}p+\frac{\gamma\mu\tau+(\beta\xi+\gamma\phi)\vartheta}{(\alpha\mu-\beta\rho)\tau+(\beta+\alpha\phi)\vartheta}e+\frac{\beta\mu\tau}{(\alpha\mu-\beta\rho)\tau+(\beta+\alpha\phi)\vartheta}i^* \quad (6-14)$$

$$i=\frac{\alpha(\delta\vartheta-\eta\tau)}{(\alpha\mu-\beta\rho)\tau+(\beta+\alpha\phi)\vartheta}y^{*}-\frac{\vartheta-\rho\tau}{(\alpha\mu-\beta\rho)\tau+(\beta+\alpha\phi)\vartheta}[\kappa\cdot e+h]+$$

$$\frac{\vartheta-\rho\tau}{(\alpha\mu-\beta\rho)\tau+(\beta+\alpha\phi)\vartheta}p-\frac{\gamma(\vartheta-\rho\tau)-\alpha\xi\vartheta}{(\alpha\mu-\beta\rho)\tau+(\beta+\alpha\phi)\vartheta}e+$$

$$\frac{\alpha\mu\tau}{(\alpha\mu-\beta\rho)\tau+(\beta+\alpha\phi)\vartheta}i^{*} \tag{6-15}$$

$$s=-\frac{\beta\eta+\alpha\delta\mu+\alpha\eta\phi-\beta\delta\rho}{(\alpha\mu-\beta\rho)\tau+(\beta+\alpha\phi)\vartheta}y^{*}+\frac{\mu+\phi\rho}{(\alpha\mu-\beta\rho)\tau+(\beta+\alpha\phi)\vartheta}[\kappa\cdot e+h]-$$

$$\frac{\mu+\phi\rho}{(\alpha\mu-\beta\rho)\tau+(\beta+\alpha\phi)\vartheta}p+\frac{\beta\mu+\alpha\mu\phi}{(\alpha\mu-\beta\rho)\tau+(\beta+\alpha\phi)\vartheta}i^{*}+$$

$$\frac{(\mu+\rho\phi)\gamma-(\alpha\mu-\beta\rho)\xi}{(\alpha\mu-\beta\rho)\tau+(\beta+\alpha\phi)\vartheta}e+p-p^{*} \tag{6-16}$$

在进行相关分析之前，需要说明的是图 6-4 中 LM 曲线斜率$\frac{\partial i}{\partial y}|_{LM}$要大于 BP 曲线斜率$\frac{\partial i}{\partial y}|_{BP}$。由 LM 曲线式（6-10）以及 BP 曲线式（6-11）可知，LM 曲线斜率$\frac{\partial i}{\partial y}|_{LM}=\frac{\alpha}{\beta}$，BP 曲线斜率$\frac{\partial i}{\partial y}|_{BP}=\frac{\rho}{\mu}$，因此，当 LM 曲线斜率大于 BP 曲线斜率时，$\alpha\mu>\rho\beta$。图 6-4 中所示的 LM 曲线和 BP 曲线这种相对位置能够确保此处的均衡解式（6-14）～式（6-16）中所有变量系数的分母为正数。对于 LM 曲线斜率小于 BP 曲线斜率的情形，因其会使变量系数的分母符号难以确定，本书暂不予以考虑。接下来重点分析扩张性货币政策以及货币电子化对产出的影响效应。

在均衡产出方程式(6-14)中，扩张性货币政策($\Delta h>0$)将使产出增加，反映在式(6-14)中表现为基础货币 h 前面的系数$\frac{\mu\tau+\phi\vartheta}{(\alpha\mu-\beta\rho)\tau+(\beta+\alpha\phi)\vartheta}>0$，而货币电子化因素的存在将放大扩张性货币政策的产出效应，这种放大作用的原因来自以下两个方面：其一，主要是货币电子化对货币市场的影响，具体来说，电子货币对通货的替代效应会降低通货存款比率，从而对货币乘数产生放大作用，即使基础货币保持不变，因为电子货币对货币乘数的这一放大作用，使得相同的基础货币派生出比以往更多的货币供应量，从而对产出也产生更大的影响，反映在式(6-14)中表现为货币乘数 $\kappa\cdot e$ 前面的系数 $\frac{\mu\tau+\phi\vartheta}{(\alpha\mu-\beta\rho)\tau+(\beta+\alpha\phi)\vartheta}>0$。其二，主要是互联网金融创新、货币电子化对商品市场的影响，具体来说，互联网金融创新、货币电子化等因素通过增加投资者获取资金的渠道、便利资金供给和需求的主体，从而对投资产生积极的促进作用。电子货币的存在将使 IS 曲线相较于此前发生扩张性移动，这意味着即使利率不变，因为电子货币在投资方面产生的积极作用，产出也会增加，反映在式（6-14）中表现为电子货币 e 前面的系数 $\frac{\gamma\mu\tau+(\beta\xi+\gamma\phi)\vartheta}{(\alpha\mu-\beta\rho)\tau+(\beta+\alpha\phi)\vartheta}>0$。

Case 3：价格和产出均可变的情形。

以上两种分析及设定适用于价格完全固定不变的短期情形，但是，允许价格和产出进行相应调整的设定更为合理。这里我们需要构建一条加入互联网金融发展、货币电子化因素的短期总供给曲线 AS①：

$$y=\varphi_1\cdot e+\varphi_2(p-p^E) \tag{6-17}$$

其中，AS 曲线的截距项 $\varphi_1\cdot e>0$，即 AS 曲线会随着货币电子化程度的不同而移动。具体来说，AS 曲线将因为互联网金融创新、货币电子化因素的存在而向右移动。$\varphi_2>0$，反映了总供给曲线中产出和价格之间的正向关系。各个参数的具体表达式参见本章附录。另外，p^E 表示国内产品价格预期，$p^E=E_{t-1}p_t$。

在允许价格变动的情况下，式（6-9）、式（6-10）、式（6-11）以及式(6-17）四条方程式共同构成了 IS-LM-BP-AS 模型。此时，该模型短期决定了利率 i、汇率 s、产出 y 以及价格 p，相应的解析解为：

$$i=\frac{(1+\alpha\varphi_2)(\delta\vartheta-\eta\tau)}{\mu\tau+\vartheta\phi+(\alpha\mu\tau-\beta\rho\tau+\beta\vartheta+\alpha\vartheta\phi)\varphi_2}y^*-$$

$$\frac{\gamma\vartheta\varphi_2-\xi\vartheta-\alpha\xi\vartheta\varphi_2-\gamma\rho\tau\varphi_2}{\mu\tau+\vartheta\phi+(\alpha\mu\tau-\beta\rho\tau+\beta\vartheta+\alpha\vartheta\phi)\varphi_2}e+$$

① 有关 AS 曲线函数式（6-14）的具体推导过程，参见本章附录。

$$\frac{\tau\mu(1+\alpha\varphi_2)}{\mu\tau+\vartheta\phi+(\alpha\mu\tau-\beta\rho\tau+\beta\vartheta+\alpha\vartheta\phi)\varphi_2}i^*-$$

$$\frac{(\rho\tau-\vartheta)\varphi_2}{\mu\tau+\vartheta\phi+(\alpha\mu\tau-\beta\rho\tau+\beta\vartheta+\alpha\vartheta\phi)\varphi_2}p^E-$$

$$\frac{(\vartheta-\rho\tau)\varphi_2}{\mu\tau+\vartheta\phi+(\alpha\mu\tau-\beta\rho\tau+\beta\vartheta+\alpha\vartheta\phi)\varphi_2}[\kappa\cdot e+h]+$$

$$\frac{(\rho\tau-\vartheta)\varphi_1}{\mu\tau+\vartheta\phi+(\alpha\mu\tau-\beta\rho\tau+\beta\vartheta+\alpha\vartheta\phi)\varphi_2}e \tag{6-18}$$

$$s=-\frac{\delta\mu+\beta\eta\tau+\eta\phi-\beta\delta\vartheta+(\beta\eta+\alpha\delta\mu-\beta\delta\rho+\alpha\eta\phi)\varphi_2}{\mu\tau+\vartheta\phi+(\alpha\mu\tau-\beta\rho\tau+\beta\vartheta+\alpha\vartheta\phi)\varphi_2}y^*+$$

$$\frac{\tau\mu\gamma-\xi\mu+\beta\xi\vartheta+\gamma\phi\vartheta+(\gamma\mu-\alpha\xi\mu-\beta\xi\rho+\gamma\rho\phi)\varphi_2}{\mu\tau+\vartheta\phi+(\alpha\mu\tau-\beta\rho\tau+\beta\vartheta+\alpha\vartheta\phi)\varphi_2}e+$$

$$\frac{\beta\mu(\tau+\varphi_2)+\mu\phi(1+\alpha\varphi_2)}{\mu\tau+\vartheta\phi+(\alpha\mu\tau-\beta\rho\tau+\beta\vartheta+\alpha\vartheta\phi)\varphi_2}i^*+$$

$$\frac{(\alpha\mu\tau-\mu-\beta\rho\tau-\rho\phi+\beta\vartheta+\alpha\phi\vartheta)\varphi_2}{\mu\tau+\vartheta\phi+(\alpha\mu\tau-\beta\rho\tau+\beta\vartheta+\alpha\vartheta\phi)\varphi_2}p^E+$$

$$\frac{\mu\tau+\phi\vartheta+(\mu+\rho\phi)\varphi_2}{\mu\tau+\vartheta\phi+(\alpha\mu\tau-\beta\rho\tau+\beta\vartheta+\alpha\vartheta\phi)\varphi_2}[\kappa\cdot e+h]-$$

$$\frac{\mu\tau+\phi\vartheta+(\alpha\mu\tau-\beta\rho\tau+\beta\vartheta+\alpha\phi\vartheta)\varphi_2}{\mu\tau+\vartheta\phi+(\alpha\mu\tau-\beta\rho\tau+\beta\vartheta+\alpha\vartheta\phi)\varphi_2}p^*+$$

$$\frac{(\mu-\alpha\mu\tau+\beta\rho\tau+\rho\phi-\beta\vartheta-\alpha\phi\vartheta)\varphi_1}{\mu\tau+\vartheta\phi+(\alpha\mu\tau-\beta\rho\tau+\beta\vartheta+\alpha\vartheta\phi)\varphi_2}e \tag{6-19}$$

$$y=\frac{\beta\varphi_2(\delta\vartheta-\eta\tau)}{\mu\tau+\vartheta\phi+(\alpha\mu\tau-\beta\rho\tau+\beta\vartheta+\alpha\vartheta\phi)\varphi_2}y^*+$$

$$\frac{(\gamma\mu\tau+\beta\xi\vartheta+\gamma\phi\vartheta)\varphi_2}{\mu\tau+\vartheta\phi+(\alpha\mu\tau-\beta\rho\tau+\beta\vartheta+\alpha\vartheta\phi)\varphi_2}e+$$

$$\frac{\beta\mu\tau\varphi_2}{\mu\tau+\vartheta\phi+(\alpha\mu\tau-\beta\rho\tau+\beta\vartheta+\alpha\vartheta\phi)\varphi_2}i^*-$$

$$\frac{(\mu\tau+\phi\vartheta)\varphi_2}{\mu\tau+\vartheta\phi+(\alpha\mu\tau-\beta\rho\tau+\beta\vartheta+\alpha\vartheta\phi)\varphi_2}p^E+$$

$$\frac{(\mu\tau+\phi\vartheta)\varphi_2}{\mu\tau+\vartheta\phi+(\alpha\mu\tau-\beta\rho\tau+\beta\vartheta+\alpha\vartheta\phi)\varphi_2}[\kappa\cdot e+h]+$$

$$\frac{(\mu\tau+\phi\vartheta)\varphi_1}{\mu\tau+\vartheta\phi+(\alpha\mu\tau-\beta\rho\tau+\beta\vartheta+\alpha\vartheta\phi)\varphi_2}e \tag{6-20}$$

$$p=\frac{\beta(\delta\vartheta-\eta\tau)}{\mu\tau+\vartheta\phi+(\alpha\mu\tau-\beta\rho\tau+\beta\vartheta+\alpha\vartheta\phi)\varphi_2}y^*+$$

$$\frac{\gamma\mu\tau+(\beta\xi+\gamma\phi)\vartheta}{\mu\tau+\vartheta\phi+(\alpha\mu\tau-\beta\rho\tau+\beta\vartheta+\alpha\vartheta\phi)\varphi_2}e+$$

$$\frac{\beta\mu\tau}{\mu\tau+\vartheta\phi+(\alpha\mu\tau-\beta\rho\tau+\beta\vartheta+\alpha\vartheta\phi)\varphi_2}i^*+$$

$$\frac{(\alpha\mu\tau+\beta\vartheta+\alpha\phi\vartheta-\beta\rho\tau)\varphi_2}{\mu\tau+\vartheta\phi+(\alpha\mu\tau-\beta\rho\tau+\beta\vartheta+\alpha\vartheta\phi)\varphi_2}p^E+$$

$$\frac{\mu\tau+\phi\vartheta}{\mu\tau+\vartheta\phi+(\alpha\mu\tau-\beta\rho\tau+\beta\vartheta+\alpha\vartheta\phi)\varphi_2}[\kappa\cdot e+h]+$$

$$\frac{(\beta\rho\tau-\alpha\mu\tau-\beta\vartheta-\alpha\phi\vartheta)\varphi_1}{\mu\tau+\vartheta\phi+(\alpha\mu\tau-\beta\rho\tau+\beta\vartheta+\alpha\vartheta\phi)\varphi_2}e \tag{6-21}$$

在第6.2.3小节的国际收支平衡方程（BP方程）式（6-8）中，$\mu>0$反映的是本国资产和外国资产之间的替代情况。如果本国资产和外国资产是不完全替代品，则$0<\mu<\infty$。如果本国资产和外国资产是完全替代品，则$\mu=\infty$，在这种情况下，国际收支方程简化为无抛补利率平价UIP（Uncovered Interest Parity）。由于式（6-18）至式（6-21）中包含过多参数，难以从直观上判断各个系数的符号以及分析货币政策对各变量的影响情况，因此本书只考察资本完全移动($\mu=\infty$)时的情形①：

$$i=i^* \tag{6-22}$$

$$s=-\frac{\delta}{\tau}y^*+\frac{\beta\tau+\phi+(\beta+\alpha\phi)\varphi_2}{\tau(1+\alpha\varphi_2)}i^*-p^*+\frac{(\alpha\tau-1)\varphi_2}{\tau(1+\alpha\varphi_2)}p^E+$$

① 对于资本完全不移动($\mu=0$)的情形，因其脱离实际情况较远，对现实指导意义不大，本书暂不作讨论。

$$\frac{\tau+\varphi_2}{\tau(1+\alpha\varphi_2)}[\kappa \cdot e+h]+\left[\frac{(\gamma-\alpha\xi)\varphi_2-\xi}{\tau(1+\alpha\varphi_2)}+\frac{(1-\alpha\tau)\varphi_1}{\tau+\alpha\tau\varphi_2}\right]e \tag{6-23}$$

$$y=\frac{\beta\varphi_2}{1+\alpha\varphi_2}i^*-\frac{\varphi_2}{1+\alpha\varphi_2}p^E+\frac{\varphi_2}{1+\alpha\varphi_2}[\kappa \cdot e+h]+\left[\frac{\varphi_1+\gamma\varphi_2}{1+\alpha\varphi_2}\right]e \tag{6-24}$$

$$p=\frac{\beta}{1+\alpha\varphi_2}i^*+\frac{\alpha\varphi_2}{1+\alpha\varphi_2}p^E+\frac{1}{1+\alpha\varphi_2}[\kappa \cdot e+h]+\left[\frac{\gamma-\alpha\varphi_1}{1+\alpha\varphi_2}\right]e \tag{6-25}$$

可以看到，在资本完全移动的情况下($\mu=\infty$)，本国利率 i、汇率 s、本国产出 y 以及本国价格 p 都受到外国利率 i^* 的影响。其中，在式(6-22)中，本国利率 i 等于外国利率 i^*，原因如前所述，即在本国资产和外国资产是完全替代品的情况下($\mu=\infty$)，国际收支平衡方程简化为 $i=i^*+\hat{s}$ 成立，在静态预期的设定下，即有如式(6-22)所示的 $i=i^*$ 成立。

这里重点分析扩张性货币政策以及货币电子化对产出和价格的影响效应。从产出方程式(6-24)可以看出，除了预期价格 p^E 的系数 $-\frac{\varphi_2}{1+\alpha\varphi_2}<0$ 之外，其余变量系数均为正。其中，扩张性货币政策($\Delta h>0$)将使产出增加，反映在式(6-24)中表现为基础货币 h 前面的系数 $\frac{\varphi_2}{1+\alpha\varphi_2}>0$，而货币电子化因素的存在将放大扩张性货币政策的产出效应，原因在于：电子货币替代效应会降低通货存款比率，从而对货币乘数产生放大作用，即使基础货币保持不变，因为电子货币对货币乘数的这一放大作用，使得相同的基础货币派生出比以往更多的货币供应量，从而也使总需求曲线向外移动。在短期中，需求的增加会引起经济的产出增加，因此，电子货币的存在会使得扩张性货币政策对产出产生更大的影响，即货币电子化因素的存在将放大扩张性货币政策的产出效应，反映在式(6-24)中表现为货币乘数 $\kappa \cdot e$ 前面的系数 $\frac{\varphi_2}{1+\alpha\varphi_2}>0$。此外，即便不考虑电子货币对货币乘数的放大作用，货币电子化对产出也具有正向作用，反映在式(6-24)中表现为电子货币 e 前面的系数 $\left[\frac{\varphi_1+\gamma\varphi_2}{1+\alpha\varphi_2}\right]>0$，究其原因，主要是互联网金融创新、货币电子化这些因素能够在一定程度上对生产和投资产生积极作用，一方面通过拓宽生产者的融资渠道、提高生产者的融资能力，在数量、成本、期限等多方面满足生产者的资金需求，另一方面通过增加投资者获取资金的渠道、便利资金供给和需求的主体，从而对投资产生积极的促进作用①。

从价格方程式(6-25)中可以看到，扩张性货币政策($\Delta h>0$)将使国内物价上升($\Delta p>0$)，反映在价格方程式(6-25)中表现为基础货币 h 前面的系数$\frac{1}{1+\alpha\varphi_2}>0$，而货币电子化因素的存在将放大扩张性货币政策的价格效应，其原因同上，即电子货币替代效应会降低通货存款比率，从而对货币乘数产生放大作用，即使基础货币保持不变，因为电子货币对货币乘数的这一放大作用，使得相同的基础货币派生出比以往更多的货币供应量，从而对价格也产生更大的影响，反映在式(6-25)中表现为货币乘数 $\kappa\cdot e$ 前面的系数$\frac{1}{1+\alpha\varphi_2}>0$。如果不考虑电子货币对货币乘数的放大作用，只考察货币电子化对价格的影响效应，则此时并不能得出确定性的判断，反映在式(6-25)中表现为电子货币 e 前面的系数$\left[\frac{\gamma-\alpha\varphi_1}{1+\alpha\varphi_2}\right]$难以确定其正负号。具体而言，货币电子化对物价水平的影响取决于互联网金融创新、货币电子化因素在总供给和总需求两方面的影响何者更大。为了使分析更加直观明了，这里我们结合图形进行说明。图 6-5 所示为价格和产出均可变情形下的全局均衡，通过把总需求曲线 AD 和总供给曲线 AS 结合起来以确定全局均衡点。AD 曲线和 AS 曲线相交于 E 点，在该点处产品市场、货币市场、外汇市场均达到均衡。

图 6-5 中的 AS 曲线为 Case 3 中的总供给方程式（6-17），AD 曲线为 Case 2 中所得到的均衡产出方程式（6-14），在资本完全移动的情况下($\mu=\infty$)，可以

① 换而言之，在货币政策的产出效应方面，货币电子化改变了货币的需求及供给函数，电子货币对这两方面的影响效应强化了货币量对利率的影响程度，经由利率对投资的效果将会使得总需求上升。如果投资也与互联网金融创新、货币电子化有正向关联，货币政策对产出的效应将会进一步加强。

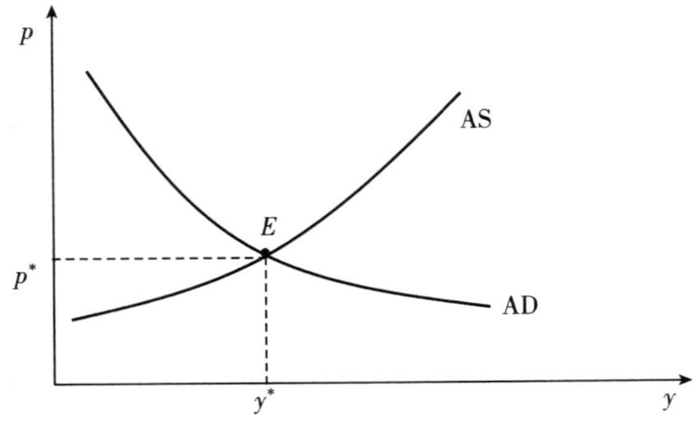

图 6-5　价格和产出均可变情形下的全局均衡

将式（6-14）简化为如下形式：

$$y=\frac{\gamma}{\alpha}e+\frac{1}{\alpha}[\kappa \cdot e+h]+\frac{\beta}{\alpha}i^{*}-\frac{1}{\alpha}p \tag{6-14}'$$

从 AS 曲线方程式（6-17）可以得出$\frac{\partial y}{\partial e}|_{AS}=\varphi_1$，由于参数 $\varphi_1>0$，因此 $\frac{\partial y}{\partial e}|_{AS}>0$，这意味着 AS 曲线将因为互联网金融、货币电子化因素的存在而向右移动。如果不考虑电子货币对货币乘数的放大作用，从 AD 曲线式（6-14）′可以得出$\frac{\partial y}{\partial e}|_{AD}=\frac{\gamma}{\alpha}$，由于参数 $\gamma>0$，$\alpha>0$，因此$\frac{\partial y}{\partial e}|_{AD}>0$，这意味着 AD 曲线也将因为互联网金融、货币电子化因素的存在而向右移动。相较于不存在电子货币的情形，或者更一般地，相较于电子货币使用规模扩大以前，图 6-5 中的均衡点 E 所对应的价格是上升还是下降取决于电子货币对 AS 曲线和 AD 曲线的影响何者更大。如果电子货币对 AS 曲线的影响大于其对 AD 曲线的影响，则$\frac{\partial y}{\partial e}|_{AS}>\frac{\partial y}{\partial e}|_{AD}$，即 $\varphi_1>\frac{\gamma}{\alpha}$，或者等价的，$\alpha\varphi_1>\gamma$。此时，价格方程式(6-25)中电子货币 e 前面的系数$\left[\frac{\gamma-\alpha\varphi_1}{1+\alpha\varphi_2}\right]<0$，这意味着货币电子化将使国内物价下降。如果电子货币对 AS 曲线的影响小于其对 AD 曲线的影响，则$\frac{\partial y}{\partial e}|_{AS}<\frac{\partial y}{\partial e}|_{AD}$，即 $\varphi_1<\frac{\gamma}{\alpha}$，或者等价的，

$\alpha\varphi_1<\gamma$。此时，价格方程式(6-25)中电子货币 e 前面的系数$\left[\frac{\gamma-\alpha\varphi_1}{1+\alpha\varphi_2}\right]>0$，这意味着货币电子化将使国内物价上升。

6.3 货币电子化对货币政策效率性的影响

在第 6.2 节中，本书主要通过构造 IS-LM-BP-AS 模型，从理论层面分析货币电子化对货币政策有效性的影响。一般而言，政策的制定者和实施者仅根据货币政策执行后是否会引起经济变动来评估政策的优劣（定性分析）是不够的，还必须兼顾到实施该政策的效率问题（定量分析）。本节将以 1997~2017 年的季度数据为样本，采取适当的计量模型，从实证层面分析电子货币对货币政策效率性的影响。

对于效率的分析，通常可用非参数和参数两种方法进行测度，前者主要有数据包络分析法（Data Envelopment Analysis，DEA），其假设所有对效率前沿的偏离均是因为确定性的无效率因素而产生的；后者主要有随机前沿模型，不同于数据包络分析法，随机前沿模型中包含了随机扰动项。利用货币政策来实现宏观经济目标的过程中不可避免会受到随机因素的干扰，因此，本书这部分将采用随机前沿模型分析我国货币政策的效率问题。具体来说，本节采用超越函数的随机前沿模型，主要从货币政策的产出效应和价格效应两个方面分析货币电子化对央行货币政策效率性的影响。

6.3.1 计量模型构建

随机前沿模型是由 Meeusen 和 Vanden Broeck（1977）以及 Aigner、Lovell 和 Schmidt（1977）等提出的，他们将“生产前沿”定义为“对于给定要素投入及其组合所能获得的最大产出水平”。在一般情况下，基于时间序列随机前沿分析法的模型主要包括以下方程：

$$Y_t = f(X_t,\ \beta) + \varepsilon_t \tag{6-26}$$

其中，Y_t 为实际产出变量，X_t 为投入变量，$f(\cdot)$ 为生产函数，误差项 ε_t 由白噪声 v_t 和单边误差项 u_t 组成：

$$\varepsilon_t = v_t - u_t \tag{6-27}$$

其中，v_t 服从正态分布：

$$v_t \sim N(0,\ \sigma_v^2) \tag{6-28}$$

u_t 是技术无效率项，表示技术无效率对于产出的影响，服从均值为 μ_t、方差为 σ_t^2 的非负断尾正态分布：

$$u_t \sim N^+(\mu_t(Z_t),\ \sigma_t^2(Z_t)) \tag{6-29}$$

如果 u_t 为零，货币政策的产出效应和价格效应均达到最大值 $Y_t^* = f(X_t,\ \beta)$，则认为获得了无政策损失的效率“前沿面”，实现了最优效率。而现实中由于存在诸多影响货币政策的因素，实际产出仅为 $Y_t = f(X_t,\ \beta) - u_t$，因而实际货币政策的产出效应和价格效应均不可能超过“前沿面”的最优值。直观上来讲，实际产出值与最优产出值之比即为政策效率，但是在随机前沿模型中，根据单边误差项 u_t 的均值及方差的函数形式设置差异，政策效率的测算也会有所不同。在本书模型的设置下，政策效率指数（Policy Efficiency Index，PEI）依据下式计算而得：

$$PEI_t = \frac{\exp(f(X_t,\ \beta) - u_t)}{\exp(f(X_t,\ \beta))} = \exp(-u_t) \tag{6-30}$$

u_t 为非负政策效率损失项，效率指数在 0~1 取值。如果没有阻力因素的影响，政策效率指数 PEI 为 1，产出达到“前沿面”最优水平；如果阻力因素逐渐增大而趋于无穷，政策效率指数 PEI 将逐渐减小并趋近于 0。

需要说明的是，为了研究货币电子化等因素对货币政策效率性及不确定性的影响，本书将单边误差项 u_t 的均值 μ_t 和方差 σ_t^2 均设置为电子货币等变量 Z_t 的函数：

$$\mu_t = c_0 + Z_t\delta \tag{6-31}$$

$$\sigma_t^2 = \exp(c_1 + Z_t\gamma) \tag{6-32}$$

基于以上计量模型的设定，本书在实证分析部分将对以下三个方程中的系数进行估计：其一为政策前沿方程，如式（6-26）所示，该方程度量了在前沿面中引入的解释变量对被解释变量的影响；其二为政策非效率方程，如式（6-31）所示，是将单边误差项 u_t 的均值设置为电子货币、开放度等变量的线性函数；其三为政策不确定性方程，如式(6-32)所示，是将单边误差项 u_t 的方差看作电子货币、开放度等变量的非线性函数。尽管式（6-31）和式（6-32）为讨论货币电子化等因素对政策非效率性(μ_t)和政策不确定性(σ_t^2)的边际影响提供了部分参考，但仍需要根据模型进一步测算准确的边际效应。

本书进行货币政策效率随机前沿分析，首先需要设定模型中生产函数的形式。常见的生产函数包括超越对数生产函数（Translog 函数）以及柯布—道格拉斯生产函数（C-D 函数）这两种形式。其中，超越对数函数是一种包容性较强且容易估计的变弹性生产函数（洪涛，2012）。一方面考虑到生产函数的具体类型事先无法确定，另一方面考虑到在货币政策实施过程中变量之间的相互影响以及影响机理的复杂性，因此，本书在货币政策效率随机前沿分析模型中，选取超越对数函数作为相应的生产函数。此外，为了便于经济解释，在模型中均采用变量的变化率形式，根据随机前沿分析方法，将模型设定为如下所示的多项式函数形式：

$$(\Delta Y/Y)_t=\beta_0+\beta_1(\Delta X/X)_t+\beta_2(\Delta X/X)_t^2+v_t-u_t \tag{6-33}$$

6.3.2 数据说明

本书选取的样本为 1997～2017 年的季度数据。资料来源于中国人民银行、中国统计年鉴、中国金融年鉴、国家统计局以及 WIND 咨询数据库。具体各变量的衡量方法如下：

（1）被解释变量。作为宏观经济调控的主要手段之一，货币政策是否有效就在于其是否有利于实现物价稳定、充分就业、经济增长以及国际收支平衡，而本书在考察货币电子化对货币政策有效性的影响时，主要考虑货币政策对产出和物价的影响。因此，相应的随机前沿模型的被解释变量为 GDP 增长率和通货膨胀率，分别衡量货币政策的产出效应和价格效应。

（2）解释变量。目前我国主要以货币供应量作为货币政策的中介目标，将基础货币作为公开市场操作的主要指标。在公开市场操作中，通过调节基础货币的供应来实施相应的货币政策，因此，根据我国货币政策框架这一现状特点，本书用基础货币增长率作为货币政策投入变量。

（3）货币政策影响因素。本节重点考察货币电子化对央行货币政策有效性及效率性的影响，同时选取经济开放度作为控制变量。我国货币电子化主要表现为各种银行卡电子货币和第三方支付电子货币的使用，受限于数据的可得性，本书以银行卡消费转账数据作为电子货币衡量指标①。

这里需要说明的是，对经济开放度和货币政策有效性之间关系的直接研究最早见于 Karras（1999）。通过将贸易开放度纳入产出方程和价格方程，Karras（1999）对 38 个国家 1953~1990 年的数据进行了实证检验，结果发现货币政策的产出效应随着经济开放度的提高而减弱，而货币政策的价格效应随着经济开放度的提高而增强。裴平、熊鹏和朱永利（2006）基于 Karras（1999）的产出和价格模型对我国货币政策效果进行了检验，结果发现，贸易开放度的提高不仅削弱了我国货币政策的产出效应，同时也削弱了我国货币政策的价格效应。马勇和陈雨露（2014）通过将 Karras（1999）的产出和价格模型中的数量型货币政策替换成价格型货币政策，实证分析了我国 1992~2012 年的季度数据，结果发现，中央银行利率变动的产出效应和价格效应随着经济开放程度的提高均明显下降。本章结合以上这些研究，同时将开放度以及电子货币因素纳入考察范围，重点分析货币电子化对我国货币政策效率的影响情况。

出于对相关数据的可得性、货币支付的关联性两方面的考虑，本书采用银行卡消费转账金额占 GDP 的比重作为衡量我国货币电子化程度的指标，并将其记

① 本书采用银行卡消费转账金额占 GDP 的比重作为衡量我国货币电子化程度的指标，主要是出于对相关数据的可得性以及货币支付的关联性两个方面的考虑。此外，以往相关研究中也有类似的做法，例如，蒋少华（2013）同样也是以银行卡消费转账数据作为电子货币数据来进行研究。而且不论是互联网支付还是手机移动支付等形式，目前第三方支付的运作机理通常都是基于账户模型，与银行卡数据都有一定的关联度，因此本书选取银行卡消费转账金额占 GDP 的比重作为衡量货币电子化程度指标是科学合理的。

为 DZH。此外，参考马勇和陈雨露（2014）中的做法，用进口总额占 GDP 的比重表示经济开放度。相关变量及含义如表 6-1 所示。

表 6-1 变量含义

变量	含义
被解释变量	
GDP	国内生产总值（货币政策的产出效应）
INF	通货膨胀率（货币政策的价格效应）
解释变量	
H	基础货币量（数量型货币政策操作指标）
效率影响因素	
DZH	货币电子化程度指标
KFD	经济开放度指标

6.3.3 实证分析

作为一种技术进步的产物，货币电子化不仅仅只是改变了货币的形式，同时也对央行货币政策产生了一定的影响。一般而言，政策的制定者和实施者不能仅根据货币政策执行后是否会引起经济变动来评估政策的优劣，还必须兼顾到实施该政策的效率问题，本节将使用随机前沿模型分析货币电子化在多大程度上影响我国货币政策的有效性，即对电子货币影响央行运用货币政策实现宏观经济目标的效率性进行实证分析。这部分将从产出效应和价格效应两个方面分析货币政策有效性以及电子货币等因素对货币政策效率的影响。此外，在随机前沿模型的具体实证方法上，本书参考崔娜和柳春（2017）的做法，利用极大似然估计法一次性估出所有待估参数，与其他文献所采用的两步估计法相比较而言，这样的一步法得出的估计结果更加可信。

具体而言，基于前文计量模型的设定，这部分的实证分析将主要估计以下三个方程中的系数：①政策前沿方程，其度量在前沿面中引入的解释变量对被解释变量的影响；②政策非效率方程，将单边误差项 u_t 的均值设置为电子货币、开放度等变量的线性函数；③政策不确定性方程，将单边误差项 u_t 的方差看作电子货币、开放度等变量的非线性函数，同时进一步测算各自的边际效应。

6.3.3.1　估计结果

表 6-2 给出了模型的估计结果。其中，表 6-2 中的列（1）和列（2）分别是随机前沿模型中货币政策的产出效应和价格效应估计结果。表 6-2 中的列（3）和列（4）分别为传统线性模型中货币政策的产出效应和价格效应估计结果，完全不考虑单边误差效应。

表 6-2　估计结果

	（1）产出效应 GDP_ GR	（2）价格效应 INF	（3）产出效应 GDP_ GR	（4）价格效应 INF
政策前沿方程				
$\Delta H/H$	0. 212*** (3. 35)	0. 445*** (5. 21)	0. 166*** (4. 58)	0. 453*** (6. 01)
$(\Delta H/H)^2$	-0. 267* (-2. 41)	-0. 904*** (-3. 41)	-0. 263 (-1. 92)	-0. 902** (-3. 18)
_CONS	0. 042*** (6. 38)	0. 007* (2. 32)	0. 025*** (14. 77)	0. 003 (0. 96)
政策非效率方程				
DZH_ GR	-2. 863** (-2. 97)	-3. 221*** (-3. 94)		
KFD_ GR	6. 865*** (5. 57)	5. 772*** (3. 90)		
_CONS	-0. 806*** (-9. 80)	-0. 481*** (-3. 56)		
政策不确定性方程				
DZH_ GR	-7. 256** (-2. 92)	-7. 772** (-3. 11)		
KFD_ GR	-2. 984 (-1. 75)	16. 053** (2. 72)		

续表

	（1）产出效应 GDP_GR	（2）价格效应 INF	（3）产出效应 GDP_GR	（4）价格效应 INF
_CONS	-4.739*** (-10.10)	-7.272*** (-8.56)		
σ_v_CONS	-9.138*** (-45.54)	-7.746*** (-38.34)		
N	72	72		
Log-likelihood	209.026	177.167		
P-value	0.000	0.000		

注：括号中为相应的 t 统计量，* 表示 p<0.1，** 表示 p<0.05，*** 表示 p<0.01（“*”、“**”、“***”分别表示 10%、5%、1%的显著性水平）。

由基本的经济理论可知，货币供应量增加时，物价上升、产出增加，货币供应量减少时，物价下跌、产出减少。从表 6-2 的估计结果可以看出，无论是在随机前沿模型中，还是在传统线性模型中，货币政策的产出效应和价格效应符号都符合理论预期。从具体数值来看，在随机前沿模型中，基础货币每增加 1 个百分点，则产出增加 0.212 个百分点，价格上涨 0.445 个百分点；而在传统线性模型中，基础货币每增加 1 个百分点，则产出增加 0.166 个百分点，价格上涨 0.453 个百分点。

从政策非效率方程估计系数来看，在产出效应的政策非效率方程中，电子货币的系数为-2.863，并且在 5%的水平上显著；在价格效应的政策非效率方程中，电子货币的系数为-3.221，并且在 1%水平上显著。这说明货币电子化一方面会增强货币政策的产出效应，另一方面会增强货币政策的价格效应，即货币政策的有效性随着货币电子化程度的提高而增加，货币电子化能够在一定程度上提高央行货币政策的调控效率。印文和裴平（2015）通过构造我国货币电子化程度指标和宏观形势指标，建立计量模型对相关样本数据进行实证检验，同样也发现，在我国货币电子化进程不断深入的背景下，电子货币对货币政策有效性具有明显的改进作用。不过，方兴和郭子睿（2017）借助时变 TVP-VAR 模型，对第三方支付给货币流通速度及货币政策带来的影响进行研究，发现从产出效应上来看，第三方支付增强了货币政策有效性，而从价格效应上来看，第三方支付则削弱了货币政策的有效性。再来看开放度的系数，在产出效应的政策非效率方程中，开放度的系数为 6.865，并且在 1%水平上显著；在价格效应的政策非效率方程中，开放度的系数为 5.772，并且在 1%水平上显著。这说明开放度一方面会削弱货币政策的产出效应，另一方面也会削弱货币政策的价格效应，这与 Karras（1999）实证检验所得出的经济开放度会削弱货币政策产出效应而增强货币政策价格效应的结果有所差异，但与裴平、熊鹏和朱永利（2006）以及马勇和陈雨露（2014）的结论一致，其研究发现经济开放度会同时削弱货币政策的产出效应和价格效应。所以，从开放度对货币政策的影响方面来看，本书也在一定程度上支撑了国内学者的研究结论。

6.3.3.2　货币电子化等因素对政策效率及政策不确定性的边际效应

本书根据随机前沿模型估计结果进一步测算电子货币、开放度等因素对我国货币政策效率和货币政策不确定性的边际效应，该边际效应值由表 6-3 给出。

表 6-3　电子货币、开放度等因素对政策效率及政策不确定性的边际效应

变量	均值	标准差	均值	标准差
对政策非效率的边际效应	产出效应		价格效应	
货币电子化	−0.204	0.367	−0.016	0.062
经济开放度	0.040	0.121	0.038	0.031
对政策不确定性的边际效应				
货币电子化	−0.003	0.006	−0.001	0.003
经济开放度	0.001	0.050	0.002	0.007

（1）货币电子化、开放度等因素对货币政策非效率的边际效应。在产出效应的政策非效率边际效应值测度中，电子货币的边际效应为−0.204，而开放度的边际效应为 0.040，这表示货币电子化程度的深入有助于提高我国货币政策调节产出的效率水平，而开放度的提高看起来并没有对货币政策的产出效应有所帮

助；在价格效应的政策非效率边际效应值测度中，电子货币的边际效应为-0.016，而开放度的边际效应为0.038，这表示电子货币在货币政策调节价格方面也有助于提高政策调控效率，而开放度则在这方面似乎没有起到作用。

（2）货币电子化、开放度等因素对货币政策不确定性的边际效应。同样，我们也从产出效应和价格效应两个方面来进行相应分析。从表6-3中可以看出，在产出效应的政策不确定性边际效应值测度中，电子货币的边际效应为-0.003，这表示货币电子化降低了货币政策产出效应的不确定性。在价格效应的政策不确定性边际效应值测度中，电子货币的边际效应为-0.001，这表示货币电子化也降低了货币政策价格效应的不确定性。

6.4 本章小结

本章通过在传统的IS-LM-BP-AS模型中引入互联网金融创新及货币电子化因素，从全局均衡的角度分析了这些因素的存在对我国货币政策效应的影响。其影响机制在于互联网金融创新、货币电子化因素能够通过影响交易效率、利率弹性、货币供需等渠道改变IS-LM-BP-AS模型中曲线的位置，从而使得货币政策的“挤出效应”发生变化，进而影响相应的政策效果。换言之，货币电子化改变了货币的需求及供给函数，电子货币对这两方面的影响效应强化了货币量对利率的影响程度，经由利率对投资的效果将会使得总需求上升。如果投资也与互联网金融创新、货币电子化有正向关联，货币政策对产出的效应会进一步加强。此外，本章选取1997~2017年的季度数据作为实证研究的数据样本，采用超越函数的随机前沿分析方法（Stochastic Frontier Analysis，SFA），基于货币政策的价格效应和产出效应，重点评估电子货币对我国货币政策效率性的影响。结果表明，互联网金融创新、货币电子化对货币政策具有促进作用，一方面会增强货币政策的产出效应，另一方面也会增强货币政策的价格效应，互联网金融创新、货币电子化能够在一定程度上提高央行货币政策的调控效率。

需要说明的是，本书有关互联网金融创新、货币电子化对货币政策有效性及效率性的分析，主要基于作为货币政策操作目标的基础货币到作为货币政策最终目标的产出和物价的作用效果和作用程度。因此，尽管从这个角度来看，互联网金融创新、货币电子化因素能够增强央行货币政策调控效果及效率，但由于货币电子化所引起的货币供给内生性增强，央行调控货币供给的难度将增加，政策效果可能会与预期想要达到的目标有所偏差。

对于利率这一中介目标而言，电子货币的广泛使用反而有可能更易为央行所调节并产生良好的操作效果。就货币政策的传导机制而言，在互联网金融发展背景下，金融市场的广度及深度都将得以发展，市场对价格变动的反应将更加灵敏，这些因素都对货币政策通过利率传导机制达成货币政策目标具有积极的促进作用。因此，在互联网金融发展及货币电子化进程不断深入的新经济环境下，仍然应该加快步伐建立健全相应的利率市场体系，将重心从数量型调控手段转向价格型调控手段，即从偏重调控货币数量转向对利率的调控。周小川（2013）认为价格型政策工具的信号功能愈发凸显，货币政策正在从偏重于数量型政策工具转向偏重于价格型政策工具。黄宪等（2015）在对政策调控的历史规律进行分析后，也曾提出价格调控对于不同经济环境有更强的适配性。

6.5 模型附录

本节模型附录主要是推导加入互联网金融发展、货币电子化因素的 AS 总供给曲线方程式（6-17）。假定劳动供需双方在了解其协议实施时的物价水平之前就以名义工资进行谈判并达成了协议，并且名义工资协议的设定目标是劳动的预期供给等于劳动的预期需求。另外，假设购买国内商品和进口商品的工人关心的是经过本国物价平减后的实际工资 $w_t-p_t^E$，其预期的劳动供给 n_s^E 如下所示（对数

形式)①:

$$n_s^E=a+b(w_t-p_t^E),\ a>0,\ b>0 \tag{A-1}$$

式（A-1）中的 p_t^E 为协议订立期所预期的协议实施期的本国商品价格水平。由于互联网金融、货币电子化因素的存在，在一定程度上提高了生产者的资金融通能力、拓宽了融资渠道，同时融资成本下降，在数量、成本、期限等多方面满足了生产者的资金需要，使得生产者在雇用劳动力进行必要的生产活动时较少受到支付劳动报酬方面的限制，从而劳动供给方也将愿意提供更多的劳动。因此，式（A-1）中的截距项将会受到互联网金融、货币电子化因素的影响而增加，即 $a=a(e)$，并且 $a'(e)>0$。

进一步假设将产量与劳动联系起来的生产函数如下（同样也是对数形式）:

$$y_t=\varepsilon n_t,\ 0<\varepsilon<1 \tag{A-2}$$

由此可见，预期的劳动需求是由边际生产条件决定的（厂商的利润最大化的一阶条件）:

$$\ln\varepsilon+(\varepsilon-1)n_d^E=w_t-p_t^E \tag{A-3}$$

工资 w_t 订在预期劳动供给 n_s^E 等于预期劳动需求 n_d^E 处，即订在预期劳动市场平衡的水平，也就是当式（A-1）所表示的预期劳动供给 n_s^E 等于式（A-3）中的预期劳动需求 n_d^E 时，可以求解出劳动力市场均衡时的工资水平。因此，将式（A-1）代入式（A-3），用 n_s^E 表达式替换掉 n_d^E，可得:

$$w_t=\frac{\ln\varepsilon+(\varepsilon-1)a}{1+b(1-\varepsilon)}+p_t^E \tag{A-4}$$

设定工资事前一旦决定后，就业取决于厂商的劳动需求，即:

$$\ln\varepsilon+(\varepsilon-1)n_t=w_t-p_t \tag*{(A-3)$'$}$$

将式（A-4）代入式（A-3）′，得到有关 n_t 的表达式，然后再将其代入式（A-2），可以得到如下所示的总供给函数:

① 如果劳动供给是受一般物价平减的工资购买力影响，则其预期的劳动供给 $n_s^E=a+b(w_t-c_t^E)$，其中，$c=w_1p+w_2(s+p^*)$，w_1 和 w_2 分别为本国商品和进口商品的权重。根据这种形式的劳动供给所得到的实际结果并没有定性上的影响。

$$y_t = \varepsilon n_t = \frac{\varepsilon(a+b\ln\varepsilon)}{1+b(1-\varepsilon)} + \frac{\varepsilon}{1-\varepsilon}(p_t - p_t^E) \tag{A-5}$$

令 $\varphi_1 \cdot e = \frac{\varepsilon(a+b\ln\varepsilon)}{1+b(1-\varepsilon)}$，$\varphi_2 = \frac{\varepsilon}{1-\varepsilon}$，则式（A-5）可以进一步简化为：

$$y = \varphi_1 \cdot e + \varphi_2(p - p^E) \tag{A-6}$$

式（A-6）即为第 6.2.4 小节中的 AS 总供给曲线方程式（6-17）。需要注意的是，参数 φ_1 和 φ_2 大于零，并且 AS 曲线式（A-6）的截距项为 $\varphi_1 \cdot e>0$，即 AS 曲线会随着互联网金融发展、货币电子化程度的不同而移动。具体来说，AS 曲线将因为互联网金融创新、货币电子化因素的存在而向右移动。

7　结论与展望

7.1　主要结论

本书从货币供需角度出发，结合经济的总供需，分析互联网金融发展、货币电子化在货币政策方面带来的影响：①从理论角度分析货币电子化对我国货币需求、货币供给的影响。②结合关于货币流通速度方面的研究，借助协整分析方法，分别考察电子货币与三个不同层次货币流通速度之间的长期关系，一方面是作为互联网金融、电子支付发展这一新经济环境下的货币流通速度稳定性分析；另一方面是作为货币电子化在货币供需方面影响效应的检验。③将互联网金融创新、货币电子化因素融入 IS-LM-BP-AS 模型，在修正后的模型基础上，从全局均衡的角度分析互联网金融创新、货币电子化对货币政策效应的影响，并借助随机前沿模型重点考察电子货币对货币政策效率性的影响。

本书主要的研究结论如下：

第一，货币电子化在一定程度上替代微观主体的现金需求，影响货币需求中原有的变量关系，增加货币需求的不可预测性。

以我国互联网金融、电子支付发展为背景，以电子货币替代为视角，通过将电子货币划分为银行卡电子货币和第三方支付电子货币，本书分别研究了不同类型电子货币对货币供需的影响效果和影响机制。第3章从微观主体的货币需求角度，分析电子货币的存在对流通中现金的替代效应。基于凯恩斯的货币需求理论中预防需求、投机需求和交易需求的划分，本书系统研究了不同类型的电子货币对这三类货币需求的影响。结果表明，不论是交易需求、投机需求还是预防需求，银行卡电子货币对现金的替代都是不完全的，在网络基础设施建设完备的条件下，替代程度取决于个人偏好和支付习惯等其他外生因素，而第三方支付电子货币能够对现金产生完全替代。总的来说，不论是何种类型的电子货币都会在一定程度上替代微观主体的现金需求，进而影响货币需求中原有的变量关系，增加货币需求的不可预测性。

第二，电子货币对流通中现金的替代效应改变通货存款比率，引发货币乘数、货币供给的变动，影响央行货币政策调控力度和执行效果。

本书第4章进一步分析电子货币在货币供给方面的影响，这部分的分析同样也是在电子货币分类的基础上进行的。其影响机制在于，电子货币的替代效应会改变通货存款比率，而作为货币乘数的重要构成因素，通货存款比率的改变又会进一步通过改变货币乘数，放大央行货币供给量，从而对货币政策产生影响。结果表明，电子货币能够进一步增加货币乘数的内生性，具体来说，电子货币将对货币乘数产生放大作用，从而增加货币供应量。其中，银行卡电子货币扩大了央行监控下的货币供给，第三方支付电子货币不仅扩大了央行监控下的货币供给，而且扩大了央行监控外的货币供给。此外，不论是银行卡电子货币还是第三方支付电子货币，对基础货币总量都没有影响，只会造成基础货币的内部构成发生变化。与银行卡电子货币的不同之处在于，当第三方支付兼有担保支付与投资理财角色时，虽然同样也不会影响到基础货币总量，但却会使基础货币中现金所占比重更小、准备金所占比重更大。总的来说，不论是何种类型的电子货币，其对流通中现金的替代效应必然改变通货存款比率，进而引发货币乘数、货币供给的变动，影响央行货币政策调控力度和执行效果。

第三，货币电子化对不同层次货币流通速度有不同程度的影响，目前我国电子货币替代作用主要发生在现金层面，而在狭义货币层面和广义货币层面更多体现为转化作用。

作为电子货币对货币供需影响效应的检验，本书第5章在已有的关于货币流通速度影响因素方面的研究成果基础上，通过协整分析方法考察了1997~2017年的样本期内，电子货币与三个不同层次货币流通速度之间的长期关系。结果表明，电子货币对不同层次货币流通速度有着不同程度的影响。从数值上来看，受影响最大的是现金流通速度 V_0，其次是狭义货币流通速度 V_1，最后是广义货币流通速度 V_2。从方向上来看，电子货币对现金流通速度具有正向影响，即电子货币会加快现金流通速度，而其对狭义货币流通速度和广义货币流通速度则具有负向影响，即电子货币会减缓狭义货币流通速度和广义货币流通速度。由此可见，电子货币的替代作用目前主要发生在现金层面上，而在狭义货币层面和广义货币层面，电子货币更多地体现为转化作用，即使货币向更高层次转化。此外，现金流通速度 V_0 大致经历了先下降后上升的过程，呈现出明显的U型特征，“金卡工程”实施的1993年是 V_0 变化趋势的拐点，V_0 在1993年之前呈现下降趋势，在1993年之后呈现上升趋势。但在整个样本期间内，狭义货币流通速度 V_1 和广义货币流通速度 V_2 尚未出现上升拐点，而是一直处于下降阶段。

第四，互联网金融创新、货币电子化对货币政策具有促进作用，能够在一定程度上提高央行货币政策的调控效率。

本书第6章在分析互联网金融发展、货币电子化对货币政策的影响效应时，首先，在传统的IS-LM-BP-AS模型中引入互联网金融创新、货币电子化因素，在修正后的模型基础上，从全局均衡的角度分析了这些因素的存在对货币政策的影响。其影响机制在于互联网金融创新、货币电子化等因素能够通过影响交易效率、利率弹性、货币供给等渠道改变IS-LM-BP-AS模型中曲线的位置，从而使得货币政策的“挤出效应”发生变化，进而影响到相应的货币政策效果。换言之，货币电子化改变了货币的需求及供给函数，电子货币对这两方面的影响效应强化了货币量对利率的影响程度，经由利率对投资的效果将会使得总需求上升。如果投资也与互联网金融创新、货币电子化有正向关联，货币政策对产出的效应会进一步加强。其次，在进行货币电子化对货币政策效率性影响的实证研究时，选取1997~2017年的季度数据作为样本，采用超越函数的随机前沿分析方法（Stochastic Frontier Analysis，SFA），从货币政策的价格效应和产出效应两个层面进行相应分析。结果表明，互联网金融创新、货币电子化对货币政策具有促进作用，一方面会增强货币政策的产出效应，另一方面会增强货币政策的价格效应，互联网金融创新、货币电子化能够在一定程度上提高央行货币政策的调控效率。

7.2 政策建议

本书结合理论分析与实证分析系统考察了互联网金融发展、货币电子化对我国货币政策的影响效应。依据得出的相关结论提出以下几点政策建议：

（1）本书系统研究互联网金融创新、货币电子化对货币政策的影响效应，指出货币电子化等因素对货币政策具有促进作用，能够在一定程度上提高央行货币政策的调控效率。因此，要重视互联网金融创新、货币电子化对货币政策执行效力的提升作用，积极推动我国的货币电子化进程。具体来说，需要加强网络基础设施的建设，进一步推广电子支付、电子货币的使用范围和使用规模。同时也要看到互联网金融创新在中小企业融资过程以及利率市场化过程中所起到的积极作用，在合法合规的基础上，鼓励并推进互联网金融创新。

（2）针对电子货币在一定程度上影响货币需求中原有的变量关系，增加货币需求的不可预测性等问题，需要认识到电子货币所引起的货币需求不稳定是我国今后一段时期所要面临的一个重要问题。因此，央行在制定和执行货币政策时需要考虑并衡量电子货币对流通中现金的替代效应和替代规模，使货币供应量的预测和调节更加准确，从而降低政策效果与预期要达到的目标之间的偏差。

（3）针对电子货币所造成的货币乘数放大、货币供给增加，央行应该尽快建立起完善的电子货币统计监测体系。精准的统计数据是央行货币政策有效调控的依据和前提，因此，必须给予电子货币替代效应充分的重视。此外，互联网金融、电子支付技术的发展进一步推进了我国货币电子化进程，央行需要意识到电子货币在增强公众影响货币供需方面的作用，在面对内生性问题时，央行应该重新思考和调整自身在控制货币供应量这一中介目标中所起到的作用和角色。

(4) 对于利率这一中介目标而言，电子货币的广泛使用反而有可能更容易为央行所调节并产生良好的操作效果。就货币政策的传导机制而言，在互联网金融发展背景下，金融市场的广度及深度都将得以发展，市场对价格变动的反应将更加灵敏，这些因素都对货币政策通过利率传导机制达成货币政策目标具有积极的促进作用。因此，在互联网金融发展及货币电子化进程不断深入的新经济环境下，仍然应该加快步伐建立健全相应的利率市场体系，将重心从数量型调控手段转向价格型调控手段，即从偏重调控货币数量转向对利率的调控。在积极促进我国互联网金融、电子支付发展，推动货币电子化进程的同时，尝试探索电子支付背景下更为合理有效的货币政策，以适应新环境的需要。

7.3 研究展望

总体而言，本书在借鉴国内外相关研究的基础上，整体实现了研究目标，达到了预期的研究结果，但是仍有一些不足和缺憾，还存在进一步的研究空间。目前完成的研究工作也只能起到抛砖引玉的作用，未来可以考虑从以下几个方面进行拓展：

(1) 伴随互联网金融的发展以及电子支付方式的普及，电子货币对流通中现金逐渐会形成大规模替代趋势。不仅如此，电子货币也会造成流动性较高的货币资产向流动性较低的货币资产转化。以往简单加总的货币总量指标已经不是我国新经济环境下最适合的中介目标。根据电子货币等金融创新积极调整我国货币总量层次，尝试探索适合度量我国当前新经济环境下的货币总量指标体系具有十分重要的现实意义，也将是重要的研究议题。

（2）本书在研究货币政策问题时主要是从货币电子化影响货币供需的角度入手进行分析，在货币政策传导机制方面则没有做深入研究。未来可以尝试探讨在互联网金融发展背景下，货币电子化对我国货币政策传导机制的影响，尝试从不同的传导渠道进行相关研究，使互联网金融创新、货币电子化影响货币政策方面的研究更加全面和细致。此外，考虑到传统的总供需模型缺乏微观基础，未来也可以考虑使用 DSGE 模型等进行更为严谨的分析。对于货币政策传导机制方面的影响情况，目前已经有学者开始进行这方面的尝试，例如，战明华等（2018）从货币政策银行信贷渠道出发，选用第三方支付数据作为互联网金融的代理变量，研究了互联网金融发展对货币政策的影响效应，指出互联网金融弱化了货币政策银行信贷渠道。这为我们今后从不同传导渠道展开货币电子化对货币政策的影响研究提供了很好的借鉴和指引作用。

（3）本书主要考察互联网金融创新、货币电子化对货币政策的影响，尚未涉及货币电子化对铸币税①的影响。作为一种特殊的税收收入，铸币税是政府的一个重要收入来源。在互联金融、电子支付不断发展的今天，电子货币以其高效便捷的交易特性会对通货形成替代，从而导致铸币税的减少，一旦电子货币被广泛用作交易支付工具，中央银行发行的通货将被大规模取代，中央银行的铸币税收入将大幅减少。尽管目前电子货币对货币需求的影响以及由此导致的铸币税收入的减少还很难计算，但开展电子货币对铸币税影响的深入研究仍然具有非常重要的现实意义与理论价值。当前研究电子货币对铸币税影响的文献并不多，因此，也为今后深入研究这一议题预留了空间。

（4）本书研究的电子货币主要为银行卡电子货币和第三方支付电子货币，就其本质而言，这些电子货币并不是完全脱离现金或存款的新型货币，而是法币

① 铸币税一般是指由于政府拥有印制货币的垄断权而能获得的收入，是货币面值与货币铸造成本之间的差额。由于印制货币需要花费的成本极低，而印出的钞票本身具有购买力，政府可以用它来换取商品与服务。铸币税的征收能否成功取决于一国的实际货币需求能否在征收期内有效地增加。当一国实际货币需求增加时，通过增发货币进入流通，给政府提供了某些免费的资源，这种购买力的收益就是铸币税。

的电子化形式，能以 1：1 比率与法币进行交换，是信息革命中出现的现金与存款的替代物，执行了货币的价值尺度、流通手段和支付手段等职能。有学者提到真正意义上的数字货币，从金融危机后出现的比特币到现在 Facebook 的 Libra，加密数字货币因其去中心化的支付机制而备受关注。在信息网络技术的基础上，借助加密可信的区块链①技术，数字货币得以诞生，其信用保障是用户信念和区块链技术，这一点与以政府作为信用保障的电子货币不同。如果数字货币被广泛接受且发挥货币的职能，将会给政策制定带来困难，同时也会给金融体系现在的参与者，特别是银行的中介作用带来挑战。作为货币形态转变的新趋势，数字货币对货币政策、金融稳定和国际货币体系的可能影响都是今后值得深入研究的重要议题。

（5）实际上，我国央行正在开发自己的国家主权数字货币②，以应对诸如比特币以及 Libra 等加密货币可能给我国金融体系带来的风险。在金融科技大数据时代，对主权国家来讲，最好的践行货币国家发行权的办法是由政府和中央银行发行管控范围的主权数字货币（或称央行数字货币）。另外，受公众个人偏好、支付习惯、匿名性要求等因素的影响，现有的电子货币实际上并不能做到对通货（流通中现金）的完全替代，特别是在一些账户服务不佳、通信网络覆盖不到的地区，公众对通货的依赖程度仍然是比较高的。与电子货币对通货的部分替代不同，如果央行数字货币成功发行，以其既保持了现钞的属性和主要特征，又满足了便携和匿名的需求这两大优势，届时流通中现金将全部被央行数字货币所替代。在无现金的社会中，央行的货币政策应该如何实施？如何保证并加强央行的宏观审慎和货币调控职能？这些都是未来要面临的新问题和新挑战，同时也是当下迫切需要研究的重要议题。

为了方便后续更加深入地展开相关研究，本书在这里对数字货币的运作机理

---

① 在比特币等数字货币的形成过程中，区块是一个一个的存储单元，记录了一定时间内各个区块节点全部的交流信息。各个区块之间通过随机散列（也称哈希算法）实现链接，后一个区块包含前一个区块的哈希值，随着信息交流的扩大，一个区块与一个区块相继接续所形成的结果就叫作区块链。

② 从 2014 年到 2019 年，我国央行数字货币 DC/EP 的研究已经进行五年之久，所谓 DC/EP，即 Digital Currency（数字货币）和 Electronic Payment（电子支付）的简称。

及其影响效应进行简要分析。在分析之前，仍然需要先界定清楚数字货币的概念。广义的数字货币泛指以数字形式表示价值的货币，一般所说的数字货币特指具有去中心化支付机制，并利用密码学保障安全性的加密货币，因此，并不包含传统由中央服务商发行、以电子形式储存价值的电子货币。本书所研究的银行卡、第三方支付都是基于电子账户实现的支付方式，以电子货币的形式在进行，并不是真正意义上的数字货币。根据发行者的不同，可以将数字货币划分为法定数字货币和非法定数字货币两大类。其中，法定数字货币是国家发行的数字货币，是法定加密货币，其本身就是货币，而比特币、Libra 等非法定加密货币是私人或私人机构发行的数字货币。以下将对这两类数字货币分别进行讨论：

（1）非法定数字货币。2008 年 11 月 1 日，中本聪在 P2P Foundation 网站上发布了比特币白皮书，提出比特币的概念。2009 年 1 月 3 日比特币创世区块诞生。比特币作为一种在网络流通的非法定数字货币，在网络上与法定货币具有同等功能，可以用来购买商品和服务。但与法定货币不同的是，比特币不依靠特定的货币发行机构，而是通过特定算法生成的。以其去中心化的支付机制，比特币自出现以来广受各界关注。受比特币启发以及区块链技术的支持，目前类似比特币的加密货币已多达上千种，但不论是哪种数字货币，究其本质而言，在技术上均以区块链技术为基础，基于开源的加密协议进行创造和转让，不受任何中央机构的管理。目前市场上大多数加密货币并没有稳定的购买力，价格波动性高、购买力波动性高的缺点使其难以具备价值储藏功能及充当计价单位。此外，货币是能被广泛用来交换价值的工具，而比特币等加密货币仅被少数人接受，也尚未具备此特性，且目前没有任何一个国家认定其为法定货币，不具有法偿效力，充其量为买卖双方合意的支付方式。比特币、莱特币等加密数字货币使用率低，与实体经济联结度小，基本上均处于投机性资产领域，不会对货币政策操作产生大的影响，国际清算银行 BIS 以及国际货币基金组织 IMF 对此也持有类似的看法。

2019 年 6 月 20 日，Facebook 与 27 家公司一起建立了 Libra 协会，旨在创建一个新的加密货币系统，并发布 Libra 白皮书，宣布在 2020 年之前推出数字货币

Libra。相对于比特币等加密货币而言，Libra 储备 100%挂钩一篮子银行存款和短期国债，具有价值稳定、低通货膨胀率、全球普遍接受和可互换等诸多优势。尽管 Libra 修改和完善了比特币等加密货币难以普及的问题，并强调与监管机构的完全合作，但仍难得到官方的信任。从国家监管风险角度来讲，Libra 将削弱各国货币主权，冲击现有货币体系、银行体系以及资本市场。尽管 Libra 的创建初衷并非打造一个超主权货币，但是随着技术的演进、使用规模和范围的扩大，Libra 极有可能自然演变为超主权货币。作为一个符合互联网时代特点的超越主权范围的加密货币，Libra 一旦大规模流通，必然将给货币政策、金融监管、金融安全、世界货币格局甚至国际政治经济竞争格局带来不可估量的巨大影响。

（2）法定数字货币。法定数字货币也称作央行数字货币，是由央行发行的基于国家信用的加密货币，与比特币、Libra 等加密货币有着本质区别。在比特币等非法定数字货币的必要性、可行性及安全性受到市场检验的同时，一些国家的中央银行已经逐渐意识到只有发行中央银行的数字货币，才能从根本上有效确保法定货币的市场地位。所以，许多国家的中央银行已开始对发行央行数字货币展开研究，探索法定数字货币的制度设计和相关技术，争取早日推出自己的央行数字货币，例如：英格兰银行在 2016 年 7 月发表的工作论文，从理论上探讨了央行数字货币对总体经济可能造成的影响；中国人民银行从 2014 年起就组织专家成立专门的研究团队，对央行数字货币的相关研究至今已有 5 年之久。区块链技术应用于法定数字货币的优点将主要体现在以下几个方面：①可以为货币政策提供一个庞大的数据基础，货币当局可以更好地采集各个金融机构的“数字钱包”数据，进而促使央行更好地使用货币政策工具；②央行可借由调控法定数字货币的发行量，并可计息或实施负利率作为货币政策工具，即时监控支付系统的运行情况，提高货币管理能力；③如果系统内各参与者均保有账本，将可提升安全及弹性，降低支付系统单点失灵的风险；④交易清算无须再依赖中介机构，因而可以提升跨境支付与证券清算的效率；⑤货币当局在实施货币政策工具时可以很好地掌握数字货币的资金流向及资金用途，同时也可以加强货币当局对风险的监管，提升货币政策的作用效力；⑥央行法定数字货币如果采用记名式广泛流通，可以提升交易透明度，遏制逃税、洗钱等非法活动，为货币政策的实施提供保障。总体而言，央行数字货币将有助于提升央行货币地位，并增强货币政策的有效性。

参考文献

［1］郑联盛．中国互联网金融：模式、影响、本质与风险［J］．国际经济评论，2014，5（4）：103-118.

［2］印文，裴平．中国的货币电子化与货币政策有效性［J］．经济学家，2015（3）：39-46.

［3］吴浜源．货币电子化、宏观冲击与消费波动——基于跨国面板门槛模型的实证分析［J］．云南财经大学学报，2018（7）：57-67.

［4］Akinlo A E. Financial Development and the Velocity of Money in Nigeria：An Empirical Analysis［J］.The Review of Finance and Banking，2012，4（2）：97-113.

［5］Berentsen A. Monetary Policy Implications of Digital Money［J］.Kyklos，1998，51（1）：89-117.

［6］印文，裴平．电子货币的货币供给创造机制与规模——基于中国电子货币对流通中纸币的替代［J］．国际金融研究，2016，356（12）：3-12.

［7］谢平，邹传伟，刘海二．互联网金融模式研究［J］．金融研究，2012（1）：11-22.

［8］吴晓求．中国金融的深度变革与互联网金融［J］．财贸经济，2014（1）：14-23.

［9］吴晓求．互联网金融：成长的逻辑［J］．财贸经济，2015（2）：5-15.

[10] Brummer C, Gorfine D. FinTech: Building a 21st－Century Regulator's Toolkit [J]. Milken Institute, 2014 (5): 1－15.

[11] Milne A, Parboteeah P. The Business Models and Economics of Peer－to－Peer Lending [J]. ECRI Papers, 2016 (1): 1－35.

[12] Bholat D, Atz U. Peer－to－Peer Lending and Financial Innovation in the United Kingdom [J]. Bank of England Working Papers, 2016 (598): 1－27.

[13] Galland D. The 4 Best P2P Lending Platforms For Investors In 2017－Detailed Analysis [R]. Forbes Investing/Market Moves, 2017.

[14] Baumol W J. The Transactions Demand for Cash: An Inventory Theoretic Approach [J]. The Quarterly Journal of Economics, 1952, 66 (4): 545－556.

[15] Whalen E L. A Rationalization of the Precautionary Demand for Cash [J]. Quarterly Journal of Economics, 1966, 80 (2): 314－624.

[16] Tobin J. The Interest－Elasticity of Transactions Demand For Cash [J]. Review of Economics & Statistics, 1956, 38 (3): 241－247.

[17] Viren M. Financial Innovations and Currency Demand: Some New Evidence [J]. Empirical Economics, 1992, 17 (4): 451－461.

[18] Hayes D, Gillespie J, Daly P, et al. An Introduction to Digital Money Issues, Prepared for the United States Department of the Treasury Conference "Towards Digital Money and Banking: The Role of Governments" [R]. Washington, 1996.

[19] Stix H. How do Debit Cards Affect Cash Demand? Survey Data Evidence [J]. Empirica, 2004, 31 (2－3): 93－115.

[20] Amromin G, Chakravorti S. Debit Card and Cash Usage: A Cross－Country Analysis [J]. Working Paper Series. Federal Reserve Bank of Chicago, 2007 (4): 1－42.

[21] Nagayasu J. Financial Innovation and Regional Money [J]. Applied Economics, 2012, 44 (35): 4617－4629.

[22] Attanasio O P, Guiso L, Jappelli T. The Demand for Money, Financial In-

novation, and the Welfare Cost of Inflation: An Analysis with Household Data [J]. Journal of Political Economy, 2002, 110 (2): 317-351.

[23] Lippi F, Secchi A. Technological Change and the Households' Demand for Currency [J]. Journal of Monetary Economics, 2009, 56 (2): 222-230.

[24] Alvarez F, Lippi F. Financial Innovation and the Transactions Demand for Cash [J]. Econometrica, 2009, 77 (2): 363-402.

[25] Nyamongo E, Ndirangu L N. Financial Innovations and Monetary Policy in Kenya [J]. MPRA Paper, No. 52387, 2013: 1-23.

[26] Fujiki H, Tanaka M. Currency Demand, New Technology, and the Adoption of Electronic Money: Micro Evidence from Japan [J]. Economics Letters, 2014, 125: 5-8.

[27] Berentsen A, Huber S, Marchesiani A. Financial Innovations, Money Demand, and the Welfare Cost of Inflation [J]. Journal of Money Credit & Banking, 2015, 47 (S2): 223-261.

[28] Telyukova I A, Wright R. A Model of Money and Credit, with Application to the Credit Card Debt Puzzle [J]. The Review of Economic Studies, 2008, 75 (2): 629-647.

[29] Rojas Breu M. The Welfare Effect of Access to Credit [J]. Economic Inquiry, 2013, 51 (1): 235-247.

[30] Telyukova I A, Visschers L. Precautionary Money Demand in a Business-Cycle Model [J]. Journal of Monetary Economics, 2013, 60 (8): 900-916.

[31] Owen A L, Fogelstrom C. Monetary Policy Implications of Electronic Currency: An Empirical Analysis [J]. Applied Economics Letters, 2005, 12 (7): 419-423.

[32] Chimobi O P, Igwe O L. Financial Innovations and the Stability of Money Demand in Nigeria [J]. Banking & Finance Letters, 2010, 2 (1): 249-257.

[33] Greene C, Shy O. E-Cash and Virtual Currency as Alternative Payment

Methods [J]. Journal of Payments Strategy & Systems, 2014, 8 (3): 274-288.

[34] 董玉玲，杨晓光．金融创新下的中国狭义货币需求函数及其稳定性［J］．系统工程，2008（11）：35-37.

[35] 王倩．银行卡替代现金及替代途径的实证分析［J］．经济体制改革，2009（3）：118-121.

[36] 冯科，舒博．金融电子化对我国居民现金需求影响的VAR模型实证分析［J］．现代财经（天津财经大学学报），2011（7）：41-49.

[37] 张培良，刘方涛．非现金支付对流通中现金的替代效应分析［J］．首都经济贸易大学学报，2019，21（3）：38-47.

[38] 杨彪，李冀申．第三方支付的宏观经济风险及宏观审慎监管［J］．财经科学，2012（4）：44-52.

[39] 谢平，刘海二．ICT、移动支付与电子货币［J］．金融研究，2013（10）：1-14.

[40] 帅青红．Q币、U币、POPO币与电子货币［J］．电子商务，2007（1）：45-50.

[41] 孙宝文，王智慧，赵胤钘．虚拟货币的运行机理与性质研究［J］．中央财经大学学报，2009（10）：52-59.

[42] 李楠，黄旭，谢尔曼．支付体系变革对中国货币体系的影响［J］．金融论坛，2014（11）：29-34.

[43] 史新鹭，周政宁．电子支付发展、电子货币替代对货币需求的影响研究［J］．中央财经大学学报，2018，376（12）：77-86.

[44] 周光友，施怡波．互联网金融发展、电子货币替代与预防性货币需求［J］．金融研究，2015（5）：67-82.

[45] 王潇颖，冯科．电子货币对我国货币政策的影响：基于微观主体持币动机的研究［J］．南方金融，2011（3）：14-19.

[46] Boeschoten W C, Hebbink G E. Electronic Money, Currency Demand and Seignorage Loss in the G10 Countries [R]. DNB Staff Reports, 1996.

［47］ Sato S, Hawkins J. Electronic Finance: An Overview of the Issues ［J］. BIS Papers, 2001 (7): 1-12.

［48］ Reddy Y. Report of the Working Group on Electronic Money ［J］. Reserve Bank of India Mumbai, 2002 (11): 1-17.

［49］ Helleiner E. Electronic Money: A Challenge to the Sovereign State? ［J］. Journal of International Affairs, 1998 (3): 387-409.

［50］ Goodhart C A E. Can Central Banking Survive the IT Revolution? ［J］. International Finance, 2000, 3 (2): 189-209.

［51］ Freedman. Monetary Policy Implementation: Past, Present and Future - Will Electronic Money Lead to the Eventual Demise of Central Banking? ［J］. International Finance, 2000, 3 (2): 211-227.

［52］ Woodford M. Monetary Policy in A World without Money ［J］. International Finance, 2000, 3 (2): 229-260.

［53］ Stephen D W. Limited Participation, Private Money, and Credit in a Spatial Model of Money ［J］. Economic Theory, 2004 (4): 857-875.

［54］ Fung B, Molico M, Stuber G. Electronic Money and Payments: Recent Developments and Issues ［J］. Bank of Canada Discussion Paper, 2014 (2): 1-34.

［55］ 尹龙．电子货币对中央银行的影响［J］．金融研究，2000（4）：34-41.

［56］ 董昕，周海．网络货币对中央银行的挑战［J］．经济理论与经济管理，2001（7）：21-25.

［57］ 胡海鸥，贾德奎．电子货币对货币政策效果的挑战［J］．外国经济与管理，2003，25（4）：26-30.

［58］ 陈雨露，边卫红．电子货币发展与中央银行面临的风险分析［J］．国际金融研究，2002（1）：53-58.

［59］ 靳超，冷燕华．电子化货币、电子货币与货币供给［J］．上海金融，2004（9）：13-15.

[60] 王倩，纪玉山．电子货币对货币供应量的冲击及应对策略［J］．经济社会体制比较，2005（4）：121-125.

[61] 肖崎．支付体系变革及其对中央银行的挑战［J］．上海金融，2009（12）：29-34.

[62] 杨弋帆．电子货币对货币供给及货币乘数的影响机制研究——包含第三方支付机构的三级创造体系［J］．上海金融，2014（3）：47-54.

[63] 周光友，张逸佳．持币动机、电子货币替代与货币供给［J］．金融研究，2018，461（11）：176-191.

[64] 史新鹭，周政宁．电子支付、货币替代与货币供给［J］．金融经济学研究，2018，33（4）：26-36.

[65] Mankiw N. Principles of Macroeconomics [M]. Cengage Learning, 2006.

[66] Friedman M, Schwartz A J. Monetary Trends in the United States and the United Kingdom: Their Relations to Income, Prices, and Interest Rates [M]. University of Chicago Press, 1983.

[67] Bordo M D, Jonung L. The Long Run Behavior of the Income Velocity of Money in Five Advanced Countries, 1870-1975: An Institutional Approach [J]. Economic Inquiry, 1981, 19 (1): 96-116.

[68] Bordo M D, Jonung L. The Stochastic Properties of Velocity: A New Interpretation [J]. NBER Working Papers, 1987, No. 2255: 1-22.

[69] Siklos P L. Income Velocity and Institutional Change: Some New Time Series Evidence, 1870-1986 [J]. Journal of Money, Credit and Banking, 1993, 25 (3): 377-392.

[70] Bordo M D, Jonung L, Siklos P L. Institutional Change and the Velocity of Money: A Century of Evidence [J]. Economic Inquiry, 1997, 35 (4): 710-724.

[71] Sulliva S M. Electronic Money and its Impact on Central Banking and Monetary Policy [R]. Working Papers, 2002: 1-10.

[72] Priyatama A, Apriansah A. Correlation between Electronic Money and the

Velocity of Money [C] . Global Management Conference, 2010: 3-6.

[73] Parker T, Parker M. Electronic Banking in Finland and the Effect on Money Velocity [J] . Journal of Money, Investment and Banking, 2008 (4): 20-25.

[74] Ajit D, Wang B. Velocity of Money in Post-Reform China: 1978-2011 [J] . Transnational Corporations Review, 2013, 5 (1): 28-39.

[75] Nampewo D, Opolot J. Financial Innovations and Money Velocity in Uganda [J] . African Development Review, 2016, 28 (4): 371-382.

[76] Adam C, Walker S E. Mobile Money and Monetary Policy in East African Countries [J] . Said Business School Discussion Paper Oxford, 2015 (2): 1-25.

[77] Ndirangu L, Nyamongo E M. Financial Innovations and their Implications for Monetary Policy in Kenya [J] . Journal of African Economies, 2014 (24): 46-71.

[78] Giuliodori M, Mishkin F S, Matthews K. The Economics of Money, Banking & Financial Markets [M] . Pearson Education, 2013.

[79] 王鲁滨. 电子货币与货币政策研究 [J] . 金融研究, 1999 (10): 71-74.

[80] 王亮, 吴浜源. 我国电子货币的通货膨胀效应——基于2003—2011年季度数据的实证分析 [J] . 财经科学, 2013, 35 (4): 1-10.

[81] 李楠, 黄旭, 谢尔曼. 支付体系变革对中国货币体系的影响 [J] . 金融论坛, 2014 (11): 29-34.

[82] 李淑锦, 张小龙. 第三方互联网支付对中国货币流通速度的影响 [J] . 金融论坛, 2015 (12): 25-33.

[83] 周光友. 电子货币发展对货币流通速度的影响——基于协整的实证研究 [J] . 经济学 (季刊), 2006, 5 (3): 1219-1234.

[84] 蒲成毅. 数字现金对基础货币与货币乘数的影响 [J] . 当代经济研究, 2002 (7): 58-61.

[85] 游鸿辉, 苑德宇. 电子货币对货币流通速度的影响 [J] . 统计研究,

2007，24（11）：94-96.

［86］陈隆，张巧华，何军．网络金融发展对货币流通速度变化影响的实证研究［J］．浙江金融，2015（4）：13-18.

［87］刘达．第三方互联网支付加快了货币流通吗？［J］．中央财经大学学报，2017（2）：32-42.

［88］赵留彦，王一鸣．中国货币流通速度下降的影响因素：一个新的分析视角［J］．中国社会科学，2005（4）：17-28.

［89］李治国，唐国兴．中国货币流通速度下降解释：基于实际收入和利率水平决定的货币流通速度模型［J］．上海金融，2006（1）：33-34.

［90］汪军红，李治国．产业结构变动对货币流通速度的影响——中国货币流通速度下降之谜［J］．财经研究，2006，32（9）：61-68.

［91］范从来，杜晴．产业结构影响 M2/GDP 比值的实证研究［J］．中国经济问题，2015（2）：3-12.

［92］陈思翀，李文学，徐奇渊．产出结构对货币需求的影响：基于中国省级面板数据的研究［J］．世界经济，2018，41（9）：77-97.

［93］易纲．中国金融资产结构分析及政策含义［J］．经济研究，1996（12）：26-33.

［94］谢平．中国金融制度的选择［M］．上海：上海远东出版社，1996.

［95］张杰．中国的货币化进程、金融控制及改革困境［J］．经济研究，1997（8）：20-25.

［96］左孝顺．货币流通速度的变化：中国的例证（1978~1997）［J］．金融研究，1999（6）：39-45.

［97］徐天添．我国货币流通速度变化与国民收入关系研究［J］．上海财经大学学报，2002（5）：3-12.

［98］Tanaka T. Possible Economic Consequences of Digital Cash［J］. First Monday，1996，1（2）：1-13.

［99］Ely B. Electronic Money and Monetary Policy：Separating Fact from Fiction

[J] . JA Dorn (ed), The Future of Money in the Information Age, Washington, DC: Cato Institute, 1997: 101-114.

[100] Popovska-Kamnar N. The Use of Electronic Money and its Impact on Monetary Policy [J] . Journal of Contemporary Economic and Business Issues, 2014, 1 (2): 79-92.

[101] Berk J M. New Economy, Old Central Banks? Monetary Transmission in a New Economic Environment [J] . Serie Research Memoranda, 2001: 1-27.

[102] Arnone M M, Bandiera M L. Monetary policy, monetary areas, and financial development with electronic money [R] . IMF Working Papers, 2004: 1-42.

[103] Rogoff K. Costs and Benefits to Phasing out Paper Currency [J] . NBER Macroeconomics Annual, 2015, 29 (1): 445-456.

[104] Nsouli S M, Fullenkamp C. Six Puzzles in Electronic Money and Banking [J] . IMF Working Papers, 2004, No. 04/19: 1-30.

[105] DeYoung R. The Performance of Internet-Based Business Models: Evidence from the Banking Industry [J] . The Journal of Business, 2005, 78 (3): 893-948.

[106] Berger S C, Gleisner F. Emergence of Financial Intermediaries in Electronic Markets: The Case of Online P2P Lending [J] . BuR-Business Research, 2009, 2 (1): 39-65.

[107] Puro L, Teich J E, Wallenius H, Wallenius J. Borrower Decision Aid for People-to-People Lending [J] . Decision Support Systems, 2010, 49 (1): 52-60.

[108] Plassaras N A. Regulating Digital Currencies: Bringing Bitcoin within the Reach of IMF [J] . Chicago Journal of International Law, 2013, 14 (1): 377-402.

[109] Ali, Robleh, Barrdear, John, Clews, Roger, et al. The Economics of Digital Currencies [J] . Bank of England Quarterly Bulletin, 2014 (54): 276-286.

[110] 蒋少华．电子支付发展对央行货币政策的影响研究 [M] ．北京：经济科学出版社，2013.

［111］曾刚．积极关注互联网金融的特点及发展——基于货币金融理论视角［J］．银行家，2012（11）：102-104.

［112］邹新月，罗亚南，高杨．互联网金融对我国货币政策影响分析［J］．湖南科技大学学报（社会科学版），2014（4）：84-89.

［113］吴佩，姚亚伟，庞涛．互联网金融对货币市场冲击影响的实证分析［J］．当代经济管理，2016，38（7）：84-93.

［114］中国人民银行惠州市中心支行课题组．互联网金融对货币政策传导的影响研究［J］．武汉金融，2016（3）：18-21.

［115］刘澜飚，齐炎龙，张靖佳．互联网金融对货币政策有效性的影响——基于微观银行学框架的经济学分析［J］．财贸经济，2016，37（1）：61-73.

［116］杨德勇，刘笑彤，赵袁军．互联网金融背景下中国货币政策工具的使用研究——基于金融市场反应机制及 VEC 模型的实证分析［J］．武汉金融，2017（2）：26-32.

［117］方兴，郭子睿．第三方互联网支付、货币流通速度与货币政策有效性——基于 TVP—VAR 模型的研究［J］．经济问题探索，2017（3）：187-194.

［118］战明华，张成瑞，沈娟．互联网金融发展与货币政策的银行信贷渠道传导［J］．经济研究，2018，53（4）：65-78.

［119］凯恩斯．就业、利息和货币通论［M］．北京：北京出版社，2008.

［120］Sidrauski M. Rational Choice and Patterns of Growth in a Monetary Economy［J］. The American Economic Review，1967：534-544.

［121］Clower R. A Reconsideration of the Microfoundations of Monetary Theory［J］. Economic Inquiry，1967，6（1）：1-8.

［122］Lucas R E. Equilibrium in a Pure Currency Economy［J］. Economic Inquiry，1980，18（2）：203-220.

［123］Romer D. A Simple General Equilibrium Version of the Baumol－Tobin Model［J］. The Quarterly Journal of Economics，1986，101（4）：663-686.

［124］Tobin J. Liquidity Preference as Behavior Towards Risk［J］. Review of

Economic Studies, 1958, 25 (2): 65-86.

[125] Von Neumann J, Morgenstern O. Theory of Games and Economic Behavior [M]. Princeton University Press Princeton N J, 1947.

[126] 王延军，温娇秀．产业结构变动与我国货币流通速度研究 [J]．上海金融，2015 (1): 23-28.

[127] Chang C, Chen K, Waggoner D F, et al. Trends and Cycles in China's Macroeconomy [J]. NBER Macroeconomics Annual, 2015 (30): 1-84.

[128] 张杰．渐进改革中的金融支持 [J]．经济研究，1998 (10): 51-56.

[129] 张曙光，袁钢明，张平等．核算性扭曲、结构性通缩与制度性障碍——当前中国宏观经济分析 [J]．经济研究，2000 (9): 3-15+77.

[130] 王智强．中国财政政策和货币政策效率研究——基于随机前沿模型的实证分析 [J]．经济学动态，2010 (8): 45-49.

[131] 程贵，万解秋，李萌．我国现行货币政策调控效率研究——基于近 17 年来数据的实证分析 [J]．经济经纬，2016 (4): 150-154.

[132] Karras G. Openness and the Effects of Monetary Policy [J]. Journal of International Money and Finance, 1999, 18 (1): 13-26.

[133] Berument H, Konac N, Senay O. Openness and the Effectiveness of Monetary Policy: A Cross - Country Analysis [J]. International Economic Journal, 2007, 21 (4): 577-591.

[134] Meeusen W, van Den Broeck J. Efficiency Estimation from Cobb-Douglas Production Functions with Composed error [J]. International Economic Review, 1977, 18 (2): 435-444.

[135] Aigner D, Lovell C K, Schmidt P. Formulation and Estimation of Stochastic Frontier Production function models [J]. Journal of Econometrics, 1977, 6 (1): 21-37.

[136] 洪涛．中美财政货币政策效率性实证分析与比较 [J]．经济问题探索，2012 (6): 96-102.

［137］裴平，熊鹏，朱永利．经济开放度对中国货币政策有效性的影响——基于 1985—2004 年交叉数据的分析［J］．世界经济，2006（5）：47-53.

［138］马勇，陈雨露．经济开放度与货币政策有效性：微观基础与实证分析［J］．经济研究，2014（3）：35-46.

［139］崔娜，柳春．“一带一路”沿线国家制度环境对中国出口效率的影响［J］．世界经济研究，2017（8）：38-50.

［140］周小川．新世纪以来中国货币政策的主要特点［J］．中国金融，2013（2）：4-10.

［141］黄宪，王旭东．我国央行货币政策实施力度和节奏的规律及效果研究——基于历史演进和时变分析的视角［J］．金融研究，2015（11）：15-32.